"以就业为导向"的实验教材

中职语文
（第一册）

刘 彦　冷耀军　主编　周雪荷　孙 红　副主编

清华大学出版社
北京

内 容 简 介

本书按文体结构分为六个单元,每单元分为三个栏目内容:经典·语文、专业·语文、生活·语文。三个栏目内容各有侧重,"经典·语文"栏目侧重展示语文的人文基础性,旨在提升学生综合文化素养,加大人文关怀的教育;"专业·语文"栏目侧重关注语文的功用性,挖掘语文为各专业学科的直接或间接服务性,在"以就业为导向"的职教思想指导下,使语文教学能直接参与到学生综合职业能力的培养上,在一定程度上实现语文与专业学科的无缝对接;"生活·语文"栏目侧重关注生活中语文知识与语文现象,提醒学生注意语文与生活的紧密关联性,语文就在我们身边,生活中处处有语文,提升学生的学习兴趣。每个单元后设有语文综合实践活动,旨在通过语文活动锻炼学生的综合能力,让学生能够把学到的语文知识和技能运用到实践中,解决实践中的现实问题,进而提升学生的综合素质与能力。

本书封面贴有清华大学出版社防伪标签,无标签者不得销售。

版权所有,侵权必究。举报:010-62782989,beiqinquan@tup.tsinghua.edu.cn。

图书在版编目(CIP)数据

中职语文. 第 1 册/刘彦,冷耀军主编 .--北京:清华大学出版社,2013(2023.7重印)
"以就业为导向"的实验教材
ISBN 978-7-302-33187-2

Ⅰ. ①中… Ⅱ. ①刘…②冷… Ⅲ. ①语文课-中等专业学校-教材 Ⅳ. ①G634.301

中国版本图书馆 CIP 数据核字(2013)第 159616 号

责任编辑:左卫霞
封面设计:傅瑞学
责任校对:刘 静
责任印制:沈 露

出版发行:清华大学出版社
  网 址:http://www.tup.com.cn,http://www.wqbook.com
  地 址:北京清华大学学研大厦 A 座 邮 编:100084
  社 总 机:010-83470000 邮 购:010-62786544
  投稿与读者服务:010-62776969,c-service@tup.tsinghua.edu.cn
  质 量 反 馈:010-62772015,zhiliang@tup.tsinghua.edu.cn
印 装 者:三河市春园印刷有限公司
经 销:全国新华书店
开 本:170mm×240mm 印 张:13.25 字 数:254 千字
版 次:2013 年 8 月第 1 版 印 次:2023 年 7 月第10次印刷
定 价:39.80 元

产品编号:054876-03

"以就业为导向"的实验教材
编审委员会

顾　问　付红星　唐能越

编　者　刘　彦　冷耀军　孙　红　周雪荷
　　　　吕惠嫦　高晓飞　徐嘉平　廖玉玲
　　　　管宛嫦　游翠峰　章朝辉　钟海明
　　　　赵冬梅　李滨鸿　潘莉馨　谢莉娟
　　　　张　迪　李　华　王　丽　彭江平
　　　　黄静瑜

丛 书 序

　　"校店合一"的办学模式突出学校办学与行业企业的有机结合,学生"上学如上班,上课如上岗",在亦店亦校的氛围中培养良好的行为习惯、提高专业技能、提升职业素养和综合素质。

　　语文是最重要的交际工具,是人类文化的重要组成部分和载体。语文课程是一门基础课程,能担当起从培养学生语言应用能力、训练学生思维能力、塑造健全人格到能直接为其他学科服务的重任。"语文"是文化基础性和功用性兼备的学科,文化基础性体现于"语文"在培养人的语言、写作、表达等能力及提升文化素养等方面,功用性则体现在"语文"能为其他学科提供直接或间接的服务。

　　根据"校店合一"办学模式的要求,我们把语文教材定位为在进一步彰显语文人文基础性的同时,突出其功用性特征,将语文学科课程和教材放到职业需求的环境中,改变"学科本位"、"学科中心"的传统做法,以满足劳动力市场对就业人员语文能力水平的需求,关注学生就业所需的人文素质和其他素质的养成,培养学生的综合职业能力。

　　基于语文学科的特点,本套教材重点放在展示语文的人文基础性,旨在提升学生综合文化素养,培养学生语言、表达和写作等基本能力素质,同时加大对人文精神的拓展关怀度,利用语文这一学科的独特性进行其他学科难以完成的道德情操等涉及人文关怀的教育。本套教材也关注语文的功用性,挖掘语文为各专业学科的直接或间接服务性,在"校店合一"办学模式的引领下,使语文教学能直接参与到学生综合职业能力的培养上来,在一定程度上实现语文与专业学科的无缝对接,开阔学生视野,拓展学生的学习空间,培养学生综合职业能力。

广州市旅游商务职业学校校长　吴浩宏

前　　言

　　本教材遵循"校店合一"的办学模式特点,注重语文学科的人文基础性和文化素养养成功能,兼顾语文学科的服务功能,实现语文与专业学科的无缝对接,开阔学生视野,拓展学生的学习空间,培养学生综合职业能力。

一、编写结构

　　整套教材分为四册,分别为《中职语文(第一册)》、《中职语文(第二册)》、《中职语文(第三册)》和《中职语文(第四册)》。每册六个单元,以文体为结构单元方式,每单元分为三个栏目内容:经典·语文、专业·语文、生活·语文。三个栏目内容各有侧重,"经典·语文"栏目侧重展示语文的人文基础性,旨在提升学生综合文化素养,加大人文关怀的教育;"专业·语文"栏目侧重关注语文的功用性,挖掘语文为各专业学科的直接或间接服务性,在"以就业为导向"的职教思想指导下,使语文教学能直接参与到学生综合职业能力的培养上,在一定程度上实现语文与专业学科的无缝对接;"生活·语文"栏目侧重关注生活中语文知识与语文现象,提醒学生注意语文与生活的紧密关联性,语文就在我们身边,生活中处处有语文,以开阔学生视野,拓展学生的学习空间,提升学生的学习兴趣。

　　四册教材的同一体裁单元间在内容编排上都有内在的逻辑性和难易度的层递性,与此同时,四册教材间的单元及综合实践活动也在关注语文的基本知识与技能方面有相应的梯度,遵循先易后难的原则,体现对应的层递性。

二、编写特点

　　每个单元后设有语文综合实践活动,旨在通过语文活动锻炼学生的综合能力,让学生能够把学到的语文知识和技能运用到实践中,解决实践中的现实问题,进而提升学生的综合素质与能力。在每单元综合实践活动后,对应设置"语文综合实践活动学习小组评价表",通过小组评价检测学生综合实践活动的效果。最后在每单

元后设置一个"单元学习小档案"，让学生在单元学习后自主进行知识积累、总结和归纳。

本套教材后以附件形式收录普通话及应用文写作等内容，以强化学生的普通话和职业应用文能力。

本套教材由"校店合一"实验教材《中职语文》编写组编写，具体分工为：

散文：徐嘉平、潘莉馨、王丽。

现代诗歌：管宛嫦、章朝辉、谢莉娟。

说明文：周雪荷、赵冬梅、李华。

小说：高晓飞、廖玉玲、钟海明。

戏剧文学：李滨鸿、彭江平、黄静瑜。

古诗文：刘彦、游翠峰、张迪。

应用文：孙红。

统稿及审订：冷耀军、吕惠嫦。

"校店合一"实验教材
《中职语文》编写组
2013 年 6 月

目　录

单元三 说 明 文

单元四 小 说

单元五　戏 剧 文 学

单元六　古 诗 文

单元一　散　文

单元导语

发　现　美

　　只要用心发现，美无处不在。在"经典·语文"中，读《荷塘月色》，我们好像跟随朱自清先生的脚步，发现荷塘月色清幽静谧的美，倾听他在矛盾苦闷中获得片刻淡淡的喜悦的内心独白。《音乐就在你心中》让我们发现音乐缤纷多彩，充满无穷魅力，能自然地流露心中真情。在毕淑敏《提醒幸福》的引领下，我们学会用心感受幸福，领悟幸福的真谛。

　　"专业·语文"中《绝版的周庄》，让我们发现周庄自然朴实，历经沧桑，依然透着迷人的韵致，散发出纯秀、古典的美……《老字号：北京昔日的名牌》传达给我们的不仅仅是历史的沧桑，还有老字号的那股神韵，透着温情、安闲、丰腴，甚至有点令人神往。

　　我们可以用"揣摩与品味"的方式阅读本单元课文。揣摩是指反复推想和探求；品味是指仔细体会和玩味。揣摩与品味，要求读者从散文的整体出发，披文入情，深入分析，或静思默想，或圈点批注，或深情朗读，或交流讨论。潜心会文，反复涵泳，方能体会散文的妙处。

　　"生活·语文"中《中国古代审美标准》，为我们发现和审视当代美提供了借鉴。

　　通过"语文综合实践活动""美，就在身边"，让学生学会发现身边的美，记下点滴感悟，汇诸文字，写作成文。要求做到中心明确，语言通顺，条理分明，线索清晰。

经典·语文

荷塘月色①

朱自清

课文导读

本文是我国著名文学家朱自清先生在清华大学任教时写的一篇散文。当时正值"四·一二"蒋介石背叛革命，作者如同中国大地上所有正直的知识分子一样，面对黑暗现实，苦闷、彷徨，想超脱现实而不能。夜游荷塘，排遣愤懑，借景抒情，含蓄而又委婉地抒发了作者渴望自由的心情。

这几天心里颇不宁静。今晚在院子里坐着乘凉，忽然想起日日走过的荷塘，在这满月②的光里，总该另有一番样子吧。月亮渐渐地升高了，墙外马路上孩子们的欢笑，已经听不见了；妻在屋里拍着闰儿，迷迷糊糊地哼着眠歌。我悄悄地披了大衫，带上门出去。

沿着荷塘，是一条曲折的小煤屑路。这是一条幽僻的路；白天也少人走，夜晚更加寂寞。荷塘四面，长着许多树，蓊蓊郁郁③的。路的一旁，是些杨柳，和一些不知道名字的树。没有月光的晚上，这路上阴森森的，有些怕人。今晚却很好，虽然月光也还是淡淡的。

路上只我一个人，背着手踱着。这一片天地好像是我的；我也像超出了平常的自己，到了另一世界里。我爱热闹，也爱冷静；爱群居，也爱独处。像今晚上，一个人在这苍茫的月下，什么都可以想，什么都可以不想，便觉是个自由的人。白天里一定要做的事，一定要说的话，现在都可不理。这是独处的妙处，我且受用这无边的荷香月色好了。

曲曲折折的荷塘上面，弥望④的是田田⑤的叶子。叶子出水很高，像亭亭的舞女的裙。层层的叶子中间，零星地点缀着些白花，有袅娜⑥地开着的，有羞涩地打着朵儿的；正如一粒粒的明珠，又如碧天里的星星，又如刚出浴的美人。微风过处，送来缕缕清香，仿佛远处高楼上渺茫的歌声似的。这时候叶子与花也有一丝的颤动，像闪电般，霎时传过荷塘的那边去了。叶子本是肩并肩密密地挨着，这便宛然

有了一道凝碧的波痕。叶子底下是脉脉⑦的流水，遮住了，不能见一些颜色；而叶子却更见风致⑧了。

月光如流水一般，静静地泻在这一片叶子和花上。薄薄的青雾浮起在荷塘里。叶子和花仿佛在牛乳中洗过一样；又像笼着轻纱的梦。虽然是满月，天上却有一层淡淡的云，所以不能朗照；但我以为这恰是到了好处——酣眠固不可少，小睡也别有风味的。月光是隔了树照过来的，高处丛生的灌木，落下参差的斑驳⑨的黑影，峭楞楞如鬼一般；弯弯的杨柳的稀疏的倩影⑩，却又像是画在荷叶上。塘中的月色并不均匀；但光与影有着和谐的旋律⑪，如梵婀玲⑫上奏着的名曲。

荷塘的四面，远远近近，高高低低都是树，而杨柳最多。这些树将一片荷塘重重围住；只在小路一旁，漏着几段空隙，像是特为月光留下的。树色一例⑬是阴阴的，乍看像一团烟雾；但杨柳的丰姿⑭，便在烟雾里也辨得出。树梢上隐隐约约的是一带远山，只有些大意罢了。树缝里也漏着一两点路灯光，没精打采的，是渴睡人的眼。这时候最热闹的，要数树上的蝉声与水里的蛙声；但热闹是它们的，我什么也没有。

忽然想起采莲的事情来了。采莲是江南的旧俗，似乎很早就有，而六朝时为盛；从诗歌里可以约略知道。采莲的是少年的女子，她们是荡着小船，唱着艳歌去的。采莲人不用说很多，还有看采莲的人。那是一个热闹的季节，也是一个风流的季节。梁元帝《采莲赋》里说得好：

于是妖童媛女，荡舟心许，鹢首徐回，兼传羽杯；櫂将移而藻挂，船欲动而萍开。尔其纤腰束素，迁延顾步；夏始春余，叶嫩花初，恐沾裳而浅笑，畏倾船而敛裾。

可见当时嬉游的光景了。这真是有趣的事，可惜我们现在早已无福消受了。

于是又记起《西洲曲》⑮里的句子：

采莲南塘秋，莲花过人头；低头弄莲子，莲子青如水。

今晚若有采莲人，这儿的莲花也算得"过人头"了；只不见一些流水的影子，是不行的。这令我到底惦着江南了。——这样想着，猛一抬头，不觉已是自己的门前；轻轻地推门进去，什么声息也没有，妻已睡熟好久了。

1927年7月，北京清华园

注释：

① 选自《朱自清文集》，略有删节。

② 满月：圆月。

③ 蓊蓊（wěng wěng）郁郁：草木茂盛的样子。

④ 弥望：满眼。弥，满。

⑤ 田田：形容荷叶相连的样子。汉乐府《江南》中有"莲叶何田田"的句子。

⑥ 袅娜(nuó)：柔美的样子。

⑦ 脉脉：这里形容水没有声音，好像深含感情的样子。

⑧ 风致：美好的姿态。

⑨ 斑驳：原指一种颜色中杂有别的颜色，这里有深浅不一的意思。

⑩ 倩影：美丽的影子。倩：美丽。

⑪ 旋律：也称曲调，指若干高低、长短、强弱不同的乐音有节奏地、和谐地运动。

⑫ 梵婀玲：英语 violin 的译音，即小提琴。

⑬ 一例：一概，一律，没有例外。

⑭ 丰姿：风度仪态，一般指美好的姿态。也写作风姿。

⑮《西洲曲》：南朝乐府诗名。

 思考与探究

1. 文中用了不少叠词，请选出一些例子，并说明使用叠词有何作用。

2. 课文写荷塘环境时，有哪些语言为下文描写荷塘与月光作了铺垫？它们又是怎样照应的？

音乐就在你心中①

陈　钢

 课文导读

音乐是没有国界的语言，乐谱是世界共同的符号。欣赏音乐就是接受文化的熏陶，就是继承人类文明的成果，就是与古今中外音乐家进行心灵沟通。

"乐为心声"，音乐用音符、旋律艺术地表达情感，所以音乐比其他语言更容易沟通人的心灵。"乐为多声"，古典音乐、流行音乐、现代音乐表达感情的方式各有特点，你如能欣赏多种音乐，生活将更丰富多彩。"乐为无声"，《老子》说"大音希声"，白居易《琵琶行》说"此时无声胜有声"。音乐的表现力无限丰富。如果你有一对善于欣赏音乐的耳朵，你就能自由地欣赏古今中外无限丰富的美妙乐曲，尽情地享受音乐的美！

音乐是什么？我——懂吗？

当然，哪有音乐家不懂音乐之理！可我真是常常为这个问题所困惑。似乎在音乐的旅途上跋涉得越长、越久，就反而对"音乐"的定义越朦胧、越糊涂。特别是当一些理论家提着冷冰冰的解剖刀"分析"音乐（如什么是"奏鸣曲②"，什么是"变奏曲③"，什么是呈示部、发展部、再现部④……）时，我就更觉得音乐顿时变得僵硬、枯干和不可亲近了。其实，音乐就在这里，就在你心中！

乐为心声。这是音乐最神奇的魅力。音乐，它可以像雷电一样，一闪间劈开你的心扉，让你的心颤抖，让你的心翻腾，让你的心苞绽开朵朵鲜花。音乐，它可以"捕捉到一些快乐的影子、悲伤的痕迹；听到严酷的命运之门被沉重地敲响；嗅到从绿色田野上飘来的幽香……"（朱俊《仰视音乐》）1981年我去美国回访小提琴大师斯特恩时，特地送了他一幅摘自《乐记》⑤的条幅："情动于中而形于声"。这个中国古训递给了我们一把解开音乐之谜的钥匙——那就是"情"。有了真情，才有美乐。

乐为多声。音乐是一个缤纷多彩的音响万花筒，它是一种宽容的艺术，一种包含量特别大的艺术。特别是作为一个20世纪的现代人，我们不能只用一只耳朵听一种音乐，而是应该竖起三只耳朵来听三种不同的音乐⑥——古典音乐、流行音乐和现代音乐。纽约就是这样一个音乐万花筒。当衣着讲究、正襟危坐的听众在金碧辉煌的大都会歌剧院欣赏普契尼⑦的正歌剧时，雀跃的人流也正涌进百老汇⑧的剧院里为那些新上演的轻歌剧喝彩——以庇隆夫人⑨为题材的音乐剧《艾维塔》竟连演数年而不衰；当千百万观众如痴如狂地迷醉在杰克逊的歌声中时，莫扎特、贝多芬的交响曲却像空气、水流那样，轻轻地渗进了商店、办公室和人们的心中，显示出它们无限的生命力！现代音乐的上座率虽然没有那么高，但却拥有一批忠实的知音。有一次，我出席了一场现代音乐会，听众只有三四十人，但是，他们那么专注、那么热诚地倾听着每首新作。每当作品演毕，作曲家就在听众的欢呼声中与聚光灯的照射下上台谢幕。置身于如此温馨的氛围，现代作曲家一点儿也不会感到孤独与寂寞。人们既然有一颗"性格组合"的内心，那就会有"立体声、多轨道"的听觉网。不同层次、不同口味的人，会有不同的听觉选择。我们既可以走近崇高，"抛却一切烦恼的思绪，得到一份超脱与来自内心深处的协和"（朱俊《仰视音乐》）；又可以随着克莱德曼的演奏《飘》⑩的琴声，"飘到了郝思嘉的身旁"（胡欣华《美妙的享受》），得到一种美妙的享受，这就叫"百货中百客"。但作为多面体的现代人来说，理当会同时爱好各种音乐，这又叫"三只耳朵听音乐"。我曾以此作为一篇散文的题目与这本书的书名，漫画大师丁聪还特意为我作画。

乐为无声。"无声"者，无言之声也！它从无中生有，生出一个千变万化的大千世界，生出一串无边无际的奇思妙想。听音乐时，可以感受着它"无限的美妙"和"无穷的魅力"，给人以"无限的遐想"（孙薇《音乐的魅力》）。无限，是音乐又一神奇的魅力。意大利现代诗人翁加雷蒂有一句有名的短诗："我用无垠／把我照亮。"无

根就是无限，无限是艺术的最高境界，而这个境界唯有你心中才有——因此，音乐就在你心中！

 注释：

① 选自《三只耳朵听音乐》（百花文艺出版社1997年版）。陈钢（1935— ），著名的小提琴协奏曲《梁山伯与祝英台》的作曲者之一（另一位是何占豪），上海人，音乐作品还有《苗岭的早晨》等，文学作品有散文集《黑色浪漫曲》等。

② 奏鸣曲：乐曲形式之一。一般由三个或四个性质不同的乐章组成，用一件或两件乐器演奏。

③ 变奏曲：运用变奏手法谱写的乐曲。变奏，乐曲结构原则，运用各种手法将主题等音乐素材加以变化重复。

④ 呈示部、发展部、再现部："赋格"曲式的三个组成部分。呈示部是使一个简短而富有特性的主题在各个声部轮流出现一次；发展部是主题及插段在各个不同的新调上一再出现；再现部是最后主题再度回至原调，并常以尾声结束。

⑤《乐记》：《礼记》篇名。一说为孔子的再传弟子公孙尼所作。主要阐述音乐的本原、音乐的美感、音乐的社会作用、乐和礼的关系等。论及音乐本源时，认为音乐乃由于人心之"感物而动，故形于声"。

⑥ 三种不同的音乐：陈钢在散文《三只耳朵听音乐》中说：古典音乐是属于过去的音乐，但它的精粹在历史的长河中始终闪烁着异彩。流行音乐是属于现代的——特别是青年人的音乐，它随着时尚风向不断变换，所以我们得用一只"招风耳朵"来听它。现代音乐由于它的实验性与超前性，因此从某种意义上讲，是属于未来的。

⑦ 普契尼（1858—1924）：意大利歌剧作曲家。作有歌剧12部，著名的有《蝴蝶夫人》等。

⑧ 百老汇：美国纽约市南北向主要街道之一。长达25千米，宽22～45米。下段为金融、商业活动中心和娱乐场所。

⑨ 庇隆夫人：阿根廷前总统庇隆（1895—1974）的夫人。音乐剧《艾维塔》取材于她的传奇生涯。

⑩《飘》：美国著名畅销小说，一译《乱世佳人》。作者玛格丽特·米切尔。根据小说改编的电影夺得多项奥斯卡金像奖。

 思考与探究

1. 第1自然段的两个设问句有什么作用？作曲家问"我——懂吗？"中的破折

号的作用是什么?

  2. 为什么说"乐为心声","这是音乐最神奇的魅力"?

  3. 为什么说"乐为多声",要用"三只耳朵听音乐"?

  4. 为什么说"乐为无声","无限,是音乐又一神奇的魅力"?

  5. 你心中有音乐吗?你喜欢哪一种音乐?读了本文你对音乐有什么新的看法?

提醒幸福①

毕淑敏

课文导读

  这是一篇说理性的散文。作者从一个独特的角度,提出了一个发人深省的观点:"要提醒幸福"。

  人们渴望幸福,却往往"身在福中不知福",即生活在幸福之中,感受不到幸福,发现不了幸福,更不会珍惜幸福。作者借日常生活中的诸多现象设喻发问,提醒人们什么是幸福,告诉人们如何享受幸福。阅读时要结合自己的生活经验细心体悟。

  作者行文思路明确,脉络清晰,阅读时可细细探究。全篇语言清新,比喻生动,阅读时可认真揣摩。

  我们从小就习惯了在提醒中过日子。天气刚有一丝风吹草动,妈妈就说,别忘了多穿衣服。才相识了一个朋友,爸爸就说,小心他是个骗子。你取得了一点成功,还没容得乐出声来,所有关心着你的人一起说,别骄傲!你沉浸在欢快中的时候,自己不停地对自己说:千万不可太高兴,苦难也许马上就要降临……

  我们已经习惯了提醒,提醒的后缀词总是灾祸。灾祸似乎成了提醒的专利,把提醒也染得充满了淡淡的贬意。

  我们已经习惯了在提醒中过日子。看得见的恐惧和看不见的恐惧始终像乌鸦盘旋在头顶。

  在皓月当空的良宵,提醒会走出来对你说:注意风暴。于是我们忽略了皎洁的月光,急急忙忙做好风暴来临前的一切准备。当我们大睁着眼睛枕戈待旦②之时,风暴却像迟归的羊群,不知在哪里徘徊。当我们实在忍受不了等待灾难的煎熬时,我们甚至会恶意地祈盼风暴早些到来。

在许多夜晚，风暴始终没有降临。我们辜负了冰冷如银的月光。

风暴终于姗姗地来了。我们怅然③发现，所做的准备多半是没有用的。事先能够抵御的风险毕竟有限，世上无法预计的灾难却是无限的。战胜灾难靠的更多的是临门一脚，先前的惴惴不安帮不上忙。

当风暴的尾巴终于远去，我们守住零乱的家园。气还没有喘匀，新的提醒又智慧地响起来，我们又开始对未来充满恐惧的期待。

人生总是有灾难。其实大多数人早已练就了对灾难的从容，我们只是还没有学会灾难间隙的快活。我们太多注重了自己警觉苦难，我们太忽视提醒幸福。请从此注意幸福！

幸福也需要提醒吗？

提醒小心跌倒……提醒注意路滑……提醒不要受骗……提醒荣辱不惊……先哲们提醒了我们一万零一次，却不提醒我们幸福。

也许他们认为幸福不提醒也是跑不了的。也许他们以为好的东西你自会珍惜，犯不上谆谆告诫。也许他们太崇尚血与火，觉得幸福无足挂齿④。他们总是站在危崖上，指点我们逃离未来的苦难。

但避去苦难之后的时间是什么？

那就是幸福啊！

享受幸福是需要学习的，当幸福即将来临的时刻需要提醒。人可以自然而然地学会感官的享乐，人却无法天生地掌握幸福的韵律。灵魂的快意同器官的舒适像一对孪生兄弟，时而相傍相依，时而南辕北辙⑤。

幸福是一种心灵的震颤。它像会倾听音乐的耳朵一样，需要不断地训练。

简而言之，幸福就是没有痛苦的时刻。它出现的频率并不像我们想象的那样少。人们常常只是在幸福的金马车已经驶过去很远时，拣起地上的金鬃毛说：原来我见过它。

人们喜爱回味幸福的标本，却忽略幸福披着露水散发清香的时刻。那时候我们往往步履匆匆，瞻前顾后不知在忙着什么。

世上有预报台风的，有预报蝗虫的，有预报瘟疫的，有预报地震的。没有人预报幸福。

其实幸福和世界万物一样，有它的征兆。

幸福常常是朦胧的，很有节制地向我们喷洒甘霖。你不要总希冀⑥轰轰烈烈的幸福，它多半只是悄悄地扑面而来。你也不要企图把水龙头拧得更大，使幸福很快地流失。你需静静地以平和之心，体验幸福的真谛。

幸福绝大多数是朴素的。它不会像信号弹似的，在很高的天际闪烁红色的光芒。它披着本色外衣，亲切温暖地包裹起我们。

幸福不喜欢喧嚣浮华，它常常在暗淡中降临。贫困中相濡以沫⑦的一块糕饼，

患难中心心相印的一个眼神,父亲一次粗糙的抚摸,女友一个温馨的字条……这都是千金难买的幸福啊。像一粒粒缀在旧绸子上的红宝石,在凄凉中愈发熠熠夺目。

幸福有时会同我们开一个玩笑,乔装打扮而来。机遇、友情、成功、团圆……它们都酷似幸福,但它们并不等同于幸福。幸福有时会很短暂,不像苦难似的笼罩天空。如果把人生的苦难和幸福分置天平两端,苦难体积庞大,幸福可能只是一块小小的矿石。但指针一定要向幸福这一侧倾斜,因为它有生命的黄金。

幸福有梯形的切面,它可以扩大也可以缩小,就看你是否珍惜。

我们要提高对于幸福的警惕,当它到来的时刻,激情地享受每一分钟。据科学家研究,有意注意的结果比无意注意要好得多。

当春天来临的时候,我们要对自己说,这是春天啦! 心里就会泛起茸茸的绿意。

幸福的时候,我们要对自己说,请记住这一刻! 幸福就会长久地伴随我们。那我们岂不是拥有了更多的幸福!

所以,丰收的季节,先不要去想可能的灾年,我们还有漫长的冬季来得及考虑这件事。我们要和朋友们跳舞唱歌,渲染喜悦。既然种子已经回报了汗水,我们就有权沉浸幸福。不要管以后的风霜雨雪,让我们先把麦子磨成面粉,烘一个香喷喷的面包。

所以,我们从天涯海角相聚在一起的时候,请不要踌躇片刻后的别离。在今后漫长的岁月里,有无数孤寂的夜晚可以独自品尝愁绪。现在的每一分钟,都让它像纯净的酒精,燃烧成幸福的淡蓝色火焰,不留一丝渣滓。让我们一起举杯,说:我们幸福。

所以,当我们守候在年迈的父母膝下时,哪怕他们鬓发苍苍,哪怕他们垂垂老矣,你都要有勇气对自己说:我很幸福。因为天地无常,总有一天你会失去他们,会无限追悔此刻的时光。

幸福并不与财富、地位、声望、婚姻同步,它只是你心灵的感觉。

所以,当我们一无所有的时候,我们也能够说:我很幸福。因为我们还有健康的身体。当我们不再享有健康的时候,那些最勇敢的人可以依然微笑着说:我很幸福。因为我还有一颗健康的心。甚至当我们连心都不再存在的时候,那些人类最优秀的分子仍旧可以对宇宙大声说:我很幸福。因为我曾经生活过。

常常提醒自己注意幸福,就像在寒冷的日子里经常看看太阳,心就不知不觉暖洋洋,亮光光。

注释:

① 选自《毕淑敏作品精选》,中国三峡出版社1995年版,有改动。

② 枕戈待旦:枕着兵器等待天亮。形容时刻警惕敌人,准备作战。

③ 怅然：不如意的样子。

④ 无足挂齿：不值得一提。

⑤ 南辕北辙：心里想往南去，却驾车往北走。这里比喻心理感受同现实状况是相反的。

⑥ 希冀：希望。

⑦ 相濡(rú)以沫：泉水干涸时，鱼靠在一起以唾沫相互湿润身体。后用以比喻同处困境，互相救助。

 思考与探究————————————————

1. 这是一篇说理性的散文，作者的论点是什么？文章如何一层层地来阐明论点？

2. 文章题为"提醒幸福"，为什么在开头部分写了相当篇幅的"提醒苦难"？这一部分能不能去掉？为什么？

3. 从全文看，"幸福"到底是什么？它有哪些"征兆"？在平时的生活中，你有没有发现过这些"征兆"？

4. 联系上下文，说说下列句子的含义。

(1) 灵魂的快意同器官的舒适像一对孪生兄弟，时而相傍相依，时而南辕北辙。

(2) 人们喜爱回味幸福的标本，却忽略幸福披着露水散发清香的时刻。

(3) 如果把人生的苦难和幸福分置天平两端，困难体积庞大，幸福可能只是一块小小的矿石。

(4) 既然种子已经回报了汗水，我们就有权沉浸幸福。

绝版的周庄①

王剑冰②

有人说,建筑是一个地方的名片。建筑不仅体现当地的气候、材料等特点,还凝聚着当地的历史文化信息。

周庄作为江南水乡古镇的代表,体现在"一块石板、一株小树、一只灯笼,到一幢老屋、一道流水"之中。它的古朴雅致得天独厚;它的清新秀美自然天成。周庄如同江南古典的秀女,让人魂牵梦绕;周庄更是一个象征,记载着江南的文化。

周庄,江南人精神的故乡,愿你迷人的韵致保持得久一点,再久一些……

你可以说不算太美,你是以自然朴实动人的。粗布的灰色上衣,白色的裙裾,缀以些许红色白色的小花及绿色的柳枝。清凌的流水柔成你的肌肤,双桥的钥匙恰到好处地挂在腰间,最紧要的还在于眼睛的窗子,仲春时节半开半闭,掩不住招人的妩媚。仍是明代的晨阳吧,斜斜地照在你的肩头,将你半晦半明地写意出来。

我真的不知道,你在那里等我,等我好久好久。我今天才来,我来晚了,以致使你这样沧桑。而你依然很美,周身透着迷人的韵致。真的,你还是那样纯秀、古典。只是不再含羞,大方地看着每一位来人。周庄,我呼唤着你的名字,呼唤好久了,却不知你在这里。周庄,我叫着你的名字,你比我想象的还要动人。我真想揽你入怀。只是扑向你的人太多太多,你有些猝不及防,你本来已习惯的清静与孤寂被打破了。我看得出来,你已经有些厌倦与无奈。周庄,我来晚了。

有人说,周庄是以苏州的毁灭为代价的。眼前即刻闪现出古苏州的模样。是的,苏州脱掉了罗衫长褂,苏州现代得多了。尽管手里还拿着丝绣的团扇,已远不是躲在深闺的旧模样。这样,周庄这位江南的古典秀女便名播四海了。然而,霓虹闪烁的舞厅和酒楼正在周庄四周崛起。周庄的操守能持久吗?

参加"富贵茶庄"奠基仪式。颇负盛名的富贵企业与颇负盛名的周庄联姻。而周庄的代表人物沈万三③也名富,真是巧合。代表富贵茶庄讲话的,是一位长发飘逸女郎,周庄的首席则是位短发女子,又是巧合。富贵、茶、周庄、女子,几个字词在

11

漾漾春雨中格外亮丽。回头望去,白蚬湖正闪着粼粼波光。

想起了台湾作家三毛,三毛爱浪游,三毛的足迹遍布全世界,三毛的长发沾的什么风都有。三毛一来到周庄就哭了,三毛搂着周庄像搂着久别的祖母。三毛心里其实很孤独。三毛没日没夜地跟周庄唠叨,吃着周庄做的小吃。三毛说,我还会来的,我一定会来的。三毛是哭着离去的,三毛离去时最后亲了亲黄黄的油菜花,那是周庄递给她的黄手帕。周庄的遗憾在于没让三毛久久留下,三毛一离开周庄便陷入了更大的孤独,终于把自己交给了一双袜子。三毛临死时还念叨了一声周庄,周庄知道,周庄总这么说。

入夜,乘一只小船,让桨轻轻划拨。时间刚过九点,周庄就早早睡了,是从没有电的明清时代养成的习惯?没有喧闹的声音,没有电视的声音,没有狗吠的声音。

周庄睡在水上。水便是周庄的床。床很柔软,有时轻微地晃荡两下,那是周庄变换了一下姿势。周庄睡得很沉实。一只只船儿,是周庄摆放的鞋子。鞋子多半旧了,沾满了岁月的征尘。我为周庄守夜,守夜的还有桥头一株粲然的樱花。这花原本不是周庄的,如同我。我知道,打着鼾息的周庄,民族味儿很浓。

忽就闻到了一股股沁心润肺的芳香。幽幽长长地经过斜风细雨的过滤,纯净而湿润。这是油菜花。早上来时,一片一片的黄花浓浓地包裹了古老的周庄。远远望去,色彩的反差那般强烈。现在这种香气正氤氲④着周庄的梦境,那梦必也是有颜色的。

坐在桥上,我就这么定定地看着周庄,从一块石板、一株小树、一只灯笼,到一幢老屋、一道流水。这么看着的时候,就慢慢沉入进去,感到时间的走动。感到水巷深处,哪家屋门开启,走出一位苍髯老者或纤秀女子,那是沈万三还是迷楼的阿金姑娘?周庄的夜,太容易让人生出幻觉。

注释:

① 选自1999年5月22日《人民日报》。绝版,指不再重印的图书或印刷品。这里是比喻的用法,指周庄的独一无二,不可复制。
② 王剑冰(1956—　),河北唐山人,当代作家。
③ 沈万三:即沈万山。
④ 氤氲:气或光混合动荡貌。

思考与探究

1. 浏览全文,整体把握文章,感受作者对周庄的情感,说说你对题目中"绝版"

的理解。

2.有人说文章中关于三毛的文字有些突兀,应该删去,你是怎样看待这个问题的?

3.作者想象与"你"——周庄对话,分析作者选择第二人称叙述的好处。

4.本文描写的许多周庄的环境,如:"清凌的流水柔成你的肌肤,双桥的钥匙恰到好处地挂在腰间"。再找出两三处这样的细节描写,体会其中所表现的文化内涵。

5.本文语言优美,意蕴深远,品味下列句子的含义。

(1)仍是明代的晨阳吧,斜斜地照在你的肩头,将你半晦半明地写意出来。

(2)只是扑向你的人太多太多,你有些猝不及防,你本来已习惯的清静与孤寂被打破了。

(3)是的,苏州脱掉了罗衫长褂,苏州现代得多了。尽管手里还拿着丝绣的团扇,已远不是躲在深闺的旧模样。

老字号:北京昔日的名牌①

洪 烛 邱华栋

> 老字号不仅是经济的产物,是城市工商业发展的见证,更是传统文化的一部分。老字号在长期发展中形成的行业精神和经营准则,构成了中华商业文化的核心内容。课文选取了昔日北京城的药铺、鞋店、绸布店、菜馆四个行业,展示了鹤年堂、内联升、瑞林祥、广和居、柳泉居、丰泽园等行业名牌,并对这些名牌成名的原因进行了剖析,揭示了"起名容易出名难,创业容易守业难"的道理。那些伴随名牌而生的轶事、任务,传达给我们的不仅仅是历史的沧桑,还有老字号的那股神韵,透着温情、安闲、丰腴,甚至有点令人神往。
>
> 课文旁征博引,史料丰富,语言朴实,条理清晰,值得圈点、摘记的地方不少,学习时要注意积累并领会其中的文化内涵。

所谓的老字号,用今天的流行语来说,其实就是名牌。

北京的老字号,大都是一些古老的"个体户"。对于商家店铺而言,起名容易出名难,创业容易守业难。如今京城老字号既留下了蒸蒸日上的产业,更留下了远近相传的名声……

汤剂饮片"鹤年堂"

热播一时的电视剧《大宅门》，说白了就是对同仁堂的回忆。想当年，同仁堂、怀仁堂等等，都是久负盛名的中药铺。但其中最古老的，要数建于明嘉靖四年（1525年）的鹤年堂，它比饮誉中外的同仁堂整整年长二百岁。即使跟其他领域的老店铺相比，它仍然算得上是至尊长者——堪称老字号中的老字号。"丸散膏丹同仁堂，汤剂饮片鹤年堂。"这句老话是用来形容同仁堂与鹤年堂双峰并峙的。

据传说，鹤年堂原址位于明代大奸相严嵩的后花园，鹤年堂原本园中堂名。解放后因道路改建，鹤年堂由今菜市口商场北部的地段略往西移，但是它对面的菜市口胡同，旧称为"丞相胡同"——可见这家中药铺与那位奸相不无关系。还有一点是肯定的：鹤年堂昔日的牌匾，确实由严嵩题写——而且是药店发家致富的最原始的资本。

民间谣传"鹤年堂"匾刚挂出时，路人皆夸这三个大字写得气宇轩昂，独有一位外地来的老头细加揣摩后发表了不同意见："字是好字，出手不凡，可惜笔锋转折处过于圆滑，时时透露出一丝奸气。"仿佛看出这是一位将遭到历史唾骂的奸臣。

严嵩的名声太不好听了，所以后来鹤年堂将其手书的匾额移入店内幽暗处——至今仍悬挂在那里。好在明代在东南沿海抗倭、后又调到北京重修长城的民族英雄戚继光，也曾替鹤年堂题写过"调元气"、"养太和"两幅横额。只是，戚将军手书的匾额，在"文革"期间不知被哪位红卫兵小将摘走了，下落不明。鹤年堂曾长期保存着嘉靖年间使用的账簿，这部流水账整整记了四百多年，"文革"期间也被销毁了。

脚踩官靴"内联升"

头顶"马聚源"（帽），脚踩"内联升"（鞋），身穿"八大祥"（衣料），腰里别着"西天成"（烟袋）……这是老北京流传的一段民谣。

这一身装束，穷人恐怕只有羡慕的份儿。但老舍笔下拉洋车的骆驼祥子，也很爱穿内联升的鞋，一种双脸带"筋"，外观显得虎头虎脑但柔软吸汗的"轿夫鞋"，物美价廉。这是内联升为贩夫走卒特制的。因为它有两句号召：第一句是："要想赚大钱，就得在坐轿的人身上打主意。"第二句则是："要伺候好坐轿子的，就得想到抬轿子的。"考察得如此周到、如此有人情味——这样的名牌，肯定名不虚传。

内联升是以生产官靴而出名的。甚至连溥仪在太和殿登基时穿的那双"龙

靴"，都是向内联升订制的。内联升不仅替年仅六岁的宣统皇帝打造了小小的"龙靴"。文武百官、皇亲国戚拜谒时穿的朝靴，也大多来自内联升……一个王朝都依赖着一个老字号而行走。我这么讲是否太夸张了？

其实仔细分析内联升的店名你就不奇怪了。"内"指"大内"，即皇宫；"联升"，取"连升三级"的意思。内联升确实是靠那些热衷于走仕途的人发大财的。谁不图个吉利呀？谁不想升官发达呀？

鞋店的创始人叫赵廷，原本就是个皮匠（相当于三分之一个诸葛亮吧），他很早即意识到"官商"一词的厉害，于是找到京城达官丁大将军为靠山，筹集白银一万两于咸丰三年（1853年）正式开店，并且匠心独运地取"内联升"为字号。店名自然取得好，但更主要的是大掌柜的经营有方。据蒋寒中先生透露："赵廷密藏一本'履中备载'，专记王公贵族和知名的京官、外省大吏的靴鞋尺寸、样式和特殊脚形。那时各地进京的举子为巴结在京为官的'恩师'，或穷京官为谋得外放的肥缺，常常到内联升打听上司、恩师的'足下之需'，花重金为上司、恩师订制几双朝靴送去，表示'善体上情'——连上司穿多大尺寸的鞋都知道，自然是心腹之人，期望博得青睐和赏识，飞黄腾达。为此，内联升生产的朝靴身价倍增。"

穿着龙靴的末代皇帝于1911年退下历史舞台，内联升的主打产品不再是官靴了，改为民用的礼服呢面鞋和缎子面千层底鞋。在运用高档材料方面一点也不含糊：从美国进口的礼服呢做鞋面，用日本的亚细亚牌漂白布做千层底包边，连纳底时都选用温州出产的上等麻绳。"锥锭要细，勒得要紧，针码要匀，拉力要大，每平方寸要纳146针。纳好的鞋底要放到80℃～100℃的热水中煮，然后用棉被包严热闷，闷软后再用木锤锤平、整型、晒干，这样就使几十层布和十几层袼褙②组成的鞋底变成一个整体，穿着柔软舒适、吸汗、不走样、不起毛。"（蒋寒中语）这哪是做鞋呀，仿佛在做艺术品。

锦衣裘皮"瑞林祥"

至于民谣里提及的"八大祥"，则指北京绸布皮货行业的八个"祥"字号：瑞蚨祥、瑞林祥、瑞增祥等等。"八大祥"都是山东省济南府章邱县旧军镇一户孟姓人家的产业，相当于现在家族式管理的集团公司。

其中的瑞蚨祥最牛气，在全国各地开设了数十个分号。据说解放前的大栅栏，一直是由瑞蚨祥和同仁堂平分的天下。而瑞林祥却是"八大祥"的"开山鼻祖"，创立于清代道光、咸丰年间，传至光绪初年，已在京城开有三号绸布店，掌柜的叫孟燮元。潘治武先生曾讲述："孟燮元精明善谋、交游广泛，瑞林祥一路成为北京绸布皮货行之魁首。光绪中叶，日本巨商土井彦一郎曾派数名日本留学生到瑞林祥学商，

后于1900年回国。"可见当时连外国人都要来瑞林祥学习经商,孟鋆元恐怕相当于那个时代的荣毅仁或李嘉诚了——知名的民族企业家。

为了在乱世求生存,求发展,瑞林祥投靠了大权在握的清宫总管太监李莲英——就像李莲英投靠慈禧太后一样。各有各的生存之道吧。恰逢李大总管想在宫墙之外开辟一块"自留地",双方一拍即合。1890年,李莲英颇大方地将白银十几万两注入瑞林祥账房,成为一大股东,只等着坐收渔利。他也经常以大老板的身份到店里来视察,商号上下同仁日久不称李为总管,而直呼"掌柜",李也欣然得意。

李莲英偶尔也通过瑞林祥"发放"官职。例如候补京官齐瑞卿与瑞林祥有交,一日造访,进店后长趋直入后柜,入室后突然发现李总管在座,齐某诚惶诚恐③地行叩首礼参拜。事后与孟掌柜发怨说:"总管在,何不预示?致使余手足无措耶!"孟笑道:"汝梦寐以求做官,余代转禀可获!"于是李莲英应瑞林祥之托放齐瑞卿为湖北省汉阳府知府。可见瑞林祥快成李莲英在宫外的办事处了。有了这么一把遮天蔽日的保护伞,瑞林祥在业内自然腰板挺得特直。好在它总体上还是规规矩矩做生意,一直是消费者信得过的老牌丝绸店,从不卖假冒伪劣产品。

风流尽数老菜馆

近来北京有句流行语:翠花,上酸菜!老北京的名菜馆里还真有个叫翠花楼的,不过比翠花楼更有名的是全聚德、便宜坊、东来顺、六必居、鸿宾楼、同和居……包括在虎坊桥纪晓岚阅微草堂遗址的晋阳饭庄。

旧时的许多餐馆都是四合院结构,坐落于胡同深处,有"酒香不怕巷子深"之气概。譬如菜市口的广和居,以擅长烹饪山东菜而出名,引来过张之洞、翁同龢、谭嗣同等无数名流光顾。可别小瞧了这个四合院,"广和居在北半截胡同路东,历史最悠久,盖自道光中即有此馆,专为宣南士大夫设也"(《道咸以来朝野杂记》)。相当于官场的外延。清末书法家何绍基与广和居为邻,落魄时像孔乙己一样在这里赊账,店主把他打的欠条当宝贝一般装裱起来,以展览其铁划银钩④。后来,那位塑造了孔乙己的鲁迅,也寄宿于附近的绍兴会馆,常"夜饮于广和居"(在其日记里有记载),借酒浇愁,并且最终爆发出一声《呐喊》。

有"超级老店"之称的是柳泉居,原址在护国寺西口路东,后迁至迤南路西。原先院内有一棵垂杨柳和一口甜水井,因而得名。可惜经营到民国时期一搬家,全没有了,名称也就变得抽象。"柳泉居者,酒馆而兼存放。盖起于清初,数百年矣……"(夏仁虎《旧京琐记》)

西珠市口的丰泽园饭庄的字号,是其老板1930年游中南海丰泽园后所得,为了沾一点残存的皇气。他起名时绝对想象不到,几十年后,国家领袖毛泽东在一次

会议上遇见丰泽园的特级厨师,亲切握手:"贵宝号和我的住地都叫丰泽园,很有缘分。代我向全体职工问好!"如今来往的食客一进丰泽园饭庄,听到这典故,都会有特殊的感觉。

老字号永远给人以一种温情。当年周作人在西四牌楼以南走过,望着异馥斋的丈许高的独木招牌,不禁神往:"因为这不但表示他是义和团以前的老店,那模糊阴暗的字迹又引起我一种焚香静坐的安闲而丰腴的生活的幻想。"看见老字号的牌匾就神思飞扬,我亦是京城老字号的梦游者。

 注释:

① 选自《北京的前世今生》,中国文联出版社 2002 年版。
② 袼褙:用碎布或旧布加衬纸裱成的厚片,多用来制布鞋。
③ 诚惶诚恐:非常小心谨慎,以至达到害怕不安的程度。
④ 铁划银钩:这里形容书法笔画遒劲有力。

 思考与探究

1. 课文最后说"老字号永远给人以一种温情"。结合全文,说一说这些"温情"分别体现在什么地方,又隐藏在哪些故事里。

2. 仔细阅读"脚踩官靴'内联升'"部分,结合课文谈一谈"内联升"成功的因素有哪些,对于现在工商业者有什么启示。

3. 名牌是一个区域的形象和名片,名牌的数量和效益是一个地区经济发展和文明程度高低的标志之一。利用业余时间,对自己所熟悉的老名牌进行调查,建立"家乡名牌小档案",并以一个名牌为例,写出其发展的历程、现状及未来。

4. 课外阅读洪烛、邱华栋《北京的前世今生》和徐城北《花雨纷披老字号》等相关书籍、文章。

中国古代审美标准①

中国古代关于美的本质的普遍看法不是单一的，而是复合的互补系统，以味为美、以意为美、以道为美、同构为美、以文为美，构成了中国古代美本质观的整体特色。中国古代的美本质观，本同而末异，如儒家认为自然以德为美、以情为美、以和为美、以"合目的"的形式为美，道家以无、妙、淡、柔、自然、生气和适性为美，佛家以涅槃、寂灭、死亡以及涅槃的象征——圆相、光明为美，便体现了中国古代美论的多样性。中国古代的美感论集中论述了审美的特征和方法。审美特征论涉及美感的愉悦性、直觉性、客观性、主观性、真实性。审美方法论强调咀嚼回味、以我观物、虚静纳物，与中国古代的美本质论遥相呼应。

中国古代对美的看法，既有异，又有同。所谓"同"，即儒、道、佛各家相通相近、殊途同归、末异本同之处，或中国古代文化典籍中颇为流行、占主导地位的观点。中国古代对美的普遍看法大抵有如下数端。

（1）以"味"为美。这是中国古代关于美本质的不带价值倾向的客观认识，可视为对美本质本然状态的哲学界定。从东汉许慎将"美"释为一种"甘"味，到清代段玉裁说的"五味之美皆曰甘"，文字学家们普遍将美界定为一种悦口的滋味。古代文字学家对"美"的诠释，反映了中国古代对"美"是"甘"味的普遍认识。孔子"食不厌精，脍不厌细"，听到优美的《韶》乐"三月不知肉味"。老子本来鄙弃欲望和感觉，但他又以"为腹不为目"为"圣人"的生活准则，并把自己认可的"大美"——"道"叫做"无味"之"味"，且以之为"至味"。佛家也有"至味无味"的思想。以"味"为美，构成了与西方把美仅限制在视听觉愉快范围内的美本质观的最根本的差异。

（2）以"意"为美。这可视为中国古代对美本质当然状态的价值界定，其中寄托了中国古代的审美理想。中国古代美学认为，美是一种快适的滋味，这种滋味，主要不在事物自身的形质，而在事物所寓含的人化精神。这种精神既可以表现为审美主体审美观照时情感、直觉、意念的即时投射，所谓"物以情观，故辞必巧丽"（刘勰），"以我观物，故物皆着我之色彩"（王国维），也可以表现为一种客观化了的主体精神，所谓"玉美有五德"（《说文解字》"玉"字条），"花妙在精神"（邵雍）。梅、兰、菊、竹，因为符合儒家的"君子"理想，所以成为历代文人墨客钟爱的对象。山、水、泉、林，因为是清虚恬淡的理想之境，所以成为道释之徒、出世之士心爱的栖身之所。现实的美源于"人化自然"，艺术的美亦在"人的本质的对象化"。"诗"者"言志"，"文"为"心学"，"书"为"心画"，"画"尚"写意"。"文所以入人者情也"（章学

诚），"情不深则无以惊心动魄"（焦竑），只有"意深"才能"味有余"。所以古人主张："文以意为主"，"诗文书画以精神为主"（方东树）。中国古代由此形成了"趣味"说。"趣"，即"意趣"；"趣味"，即"意味"。"趣味"说凝结了中国古代这样一种美本质观：有意即有味。这与西方客观主义美学观明显不同。

（3）以"道"为美。这是中国古代关于美本质当然状态价值界定的另一种形态，也是中国古代以"意"为美的具体化。这当中寄托了更明显的道德理想。儒家以道德充实为美，如孔子说"道斯为美"，孟子说"充实之为美"，荀子说"不全不粹之不足以为美"。道家也以道德充实为美。《庄子》有一篇《德充符》，明确把美视为道德充满的符号，个中描写了不少形体畸形而道德完满的"至人"、"神人"。老子说"大音希声，大象无形"，庄子说"朴素而天下莫能与之争美"，"希声"、"无形"、"朴素"均是"无为"、"自然"的道德形象。佛家认为世相之美均是空幻不实的"泡影"，真正的美是涅槃佛道，涅槃具有"无垢"、"清凉"、"清静"、"快乐"、"光明"诸种美好属性。

（4）同构为美。这是中国古代对美的心理本质的认识。人性"爱同憎异"，"会己则嗟讽，异我则沮弃"，"同声相应，同气相求"，"百物去其所与异，而从其所与同"，这些是同构为美思想的明确说明。它源于中国古代天人合一、物我合一的文化系统。在中国古代文化中，天与人、物与我为同源所生，是同类事物，它们异质而同构，可以互相感应。《淮南子》说得好："天地宇宙，一人之身。""物类相同，本标相应。"这种感应属于共鸣现象，是愉快的美。其实，在中国古代以"意"为美、以"道"为美的思想中，已包含主客体同构为美的深层意识。儒家认为"万物皆备于我"，"尽心而后知天"（孟子），"仁"是"天心"（董仲舒），"天理"即"吾心"，天地之美正是主体之美的对象化，因而呈现出某种同构状态。道家认为，大道至美。道体虚无，要把握到虚无的道体，认知主体必须以虚无清静之心观之，所谓"常无欲，以观其妙，常有欲，以观其徼"（《老子》）。与此相通，佛家认为真正的美是佛道，佛道即涅槃，涅槃即寂灭虚空。芸芸万法，以实有之心观之即执以为有，以虚空之心观之即以之为空，这就叫"内外相与，成其照功"（僧肇《般若无知论》）。可见，道、释二家所认可的至美之道，都是主体空无之心在客体上的同构。这与西方现代格式塔美学相映成趣。

（5）中国古代尽管以"意"、以"道"为理想美，但并没有否定物体形式的美。"文"，在古汉语中有"文饰"、"美丽"之义。以"文"为美，就是中国古代关于形式美的思想的集中体现。"文"的原初含义是"交文"、"错画"（许慎）之像，即形式之纹理或有文理之形式。因为这种特点的形式给人赏心悦目的愉悦感，所以"文"产生了"美"的衍生义。中国古代以"文"为美，体现了古人在偏尊道德美、内容美的同时，亦未完全忽视文饰美、形式美。在对待文饰美、形式美的态度上，重视"礼教"的儒家表现出强烈的"好文"传统。由于儒家思想是古代占统治地位的思想，经过历代统治者的大力倡导和身体力行，"好文"成为汉民族全社会的传统风尚。相比起来，

释、道二家是非"文"的。道家从人性无情无欲的角度出发要求"闭目塞聪"、杜绝文饰之美，佛家从"色即是空"的前提出发指责色相之美为镜花水月。由于这些学说内在的矛盾性，并不为古代大众所信服，因而并未对儒家以"文"为美思想的统治、主导地位形成根本性的影响。

以味为美、以心为美、以道为美、同构为美、以文为美，是中国古代关于美本质的普遍看法，它构成了中国美学美本质观的整体特色。

人都爱美，但是，不同的时代，有不同的审美观。人们对人体美的追求和欣赏，随着时代的变迁，也发生了某些改变。

我国古代对容貌美的追求主要表现在对五官形态的要求上，倾向于欣赏丹凤眼、樱桃小嘴、丹唇皓齿；喜爱丹蛾眉、柳叶眉、八字眉等，或长或短，或粗或细，或浓或淡，并无定规；要求牙齿洁白晶莹，"齿如含贝"。元代除要求齿白外，还追求齿缝黑。追求肌肤嫩白、细腻，如《诗经》所描述的"肤如凝脂"，追求面色红润，一般都崇尚"红妆"。但也有偏爱"黄妆"的，如从元朝开始，有往脸上涂黄的习气。

我国古代多是以男子为主体的社会。女性对于美的追求历来以男性眼中的美为标准。我国最早的诗歌总集《诗经》中的国风，大多是民间歌谣，在一定程度上表现了当时劳动者的审美观点。这些诗歌中描绘的美女形象基本上是体态丰泽，高大而壮实，如"颀而长兮"，"硕人其颀"等。硕者，大也；颀者，长也。可见当时是以身材高大为美的。

至战国时期，屈原和宋玉才开始描写女性的纤腰之美，提出"体更娟"、"容则秀雅"等审美观点。《后汉书》说："楚王好细腰，宫中多饿死。"当时以身体瘦削、细腰为美，宫女们为了求媚于楚王，减食忍饿，以求细腰，甚至有饿死也不悔者。在长沙陈家大山楚墓中发现的美女帛画中的妇女形象，即为细腰大袖长裙，与楚王好细腰的记载是相印证的。

从北周开始，不论从出土的陶俑还是从遗留的画迹中，都开始出现丰腴的形象。北周的雕塑、佛与菩萨均由瘦长的脸型向半圆形转化，可见当时对人体的审美已由瘦长转向丰满。到唐代，则普遍以丰腴肥白为美，唐代美人杨贵妃则是典型的代表。唐代遗留下来的画像或雕塑，都是肥硕丰满，宽额广颐。宋代女性要求亭亭玉立，身材合度。至清代，又渐渐建立了蛋形脸、削肩膀、扁平胸、细腰身、尖足的美女模式。

古代和近代对毛发的审美基本不变，都要求毛发乌黑、亮泽，只是对发型有不同的审美要求。

对于人的状态美，历代有不同的追求，其中有健康的观点，也有不健康的观点。如我国"站如松，坐如钟，卧如弓，行如风"的四态之说，是一种对健美的欣赏；而南唐以后的缠足之风，使女子走路扭扭摆摆，显得弱不禁风，实际上是一种病态美。

对于风度美的追求，即对精神风貌的重视和对内在品德美的追求，则是我国历代对人体美追求的传统审美要求。

谈谈服饰的美②

佚 名

> 人与衣的关系是最密切的,俗话说"人靠衣装",衣服穿在人的身上,从其功能性到美观性,人们的要求不断地提高。不管是个性化还是全球化,美是服装设计师们共同追求的目标。请谈谈你对服饰美的看法。

人们常说,"衣食父母",这说明吃和穿对人类是多么的重要。它可以显现出一个人的气质、风度、品格、修养与个性。在古代就有很多关于服饰的讲法,像"佛靠金装,人靠衣装"、"人靠衣裳马靠鞍",都充分地体现了服饰的重要性。所谓服饰,是衣服和装饰的总称,也就是除穿着的上衣下裳外,还包括首饰、鞋帽、腰带、提包等。

随着人类的进步,人们穿着服装,不仅仅为了掩身护体及保暖,还要求它能够美化形象,也就是说:服装是物质生活的重要组成部分,也是文化生活的一部分;它还表现出一个民族、一个社会、一个时代的风貌,反映人们的物质文明、科学技术、审美习惯等。

我国是一个多民族的国家,五十六个民族的服饰异彩纷呈,各具特色,这是我国物质文明和精神文明的瑰宝,是中华民族的骄傲。几千年的历史为我们留下了宝贵的文化遗产,少数民族的、传统的文化都是取之不尽、用之不竭的宝贵财富。总之,素有"衣冠王国"之称的中华民族的服饰,有着极其光辉灿烂的文化传统,体现了各族人民的聪明才智和审美观念,表现着人民的创造力和对世界服饰的贡献。而在现代生活中,由于经济的发展,使得人们的生活方式和审美要求变得多样化、个性化。服装也不能例外。现代服饰一般分为时髦、流行与传统三类。时装是设计师们艺术创作的精品,实用性较小,往往只在时装发布会上昙花一现,瞬息即逝。其中一些生命力较强的服饰,受到人们的喜爱,则会超越国度,在国际上一定范围内流行起来,就成为流行服装。除此之外,社会变革、文化变迁、现代科学的进展以及艺术潮流的涨落,都会影响纺织服装工业,引发人们更新服饰美的标准。因此,我们对于时装,不能完全用生活服装的标准评论它、欣赏它。所以凡时尚都是美的,时尚是一朵鲜艳夺目的花。因为有了时尚,社会才会进步,这大千世界才会成为美好的人间。

　　人是服装的主体，任何新颖漂亮的服装，只有配合人这一主体，才能挥洒出它的美质来。如果违背了这一基本原则，单纯地去追求新潮、时髦，着装效果往往不好，甚至适得其反。不少人往往是社会上流行什么，就穿什么，完全不考虑自己的年龄、仪态，职业环境特点，人体的高矮、胖瘦、身材的比例、皮肤的颜色等，盲目地赶时髦，追摩登，其结果不是俗气，就是难看。因为，你忘了自己是服装的主体，服装只是陪衬，它只能衬托你。而服装在于件件适合于你，符合你的形体，符合你的个性，能最大限度地表现出你的闪光点。正因为这样，做衣服要"量体裁衣"，买衣服要"度身择衣"，而绝不是、也不可能"改变"自己的形体去迁就服装。

　　我们知道，人的美包括在两个方面，外在美和内在美。合适的服饰能显现出一个人的气质、风度、品格、修养与个性，使我们的外在美更加出众。但是，它绝不是孤立的，内在美作为人的美决定性的方面，必然会对人的外在美产生影响。一个人的思想、品德、气质、情操、志趣的不同，必然会从穿着、打扮等外在形态上表现出来。虽然内在美不像外在美那么一目了然，有时甚至是无形的，但却比外在美丰富深刻，历久弥新，并通过外在美流露出来。

　　所以理智的着装者，不是有意地去掩饰自己的缺陷，而是善于利用服装和饰品，去体现自己美的方面，扬长避短，充分显示自己的外在美和气质美，因而外在美与内在美总是统一的。素有"日本超级设计师"美称的高田健藏也认为："一个会打扮的女人不介意自己身上穿的服装值多少钱，而是讲究怎样通过服装把自己的个性表现出来。"可见，内在美虽属于精神范畴，但可以通过其外在形态使人能够觉察到、感受到。

 注释：

　　① 资料摘自 http://www.lwlm.com/meixuelunwen/200812/208052.htm，http://wenwen.soso.com/z/q171068867.htm。

　　② 选自易文网（有删减）。

 思考与探究

　　1. 看了上述文章，你同意作者的观点吗？把你认可的句子和有启发性的句子用笔画出来。

　　2. 说说下列几句话的意思。

　　(1) 人是服装的主体，任何新颖漂亮的服装，只有配合人这一主体，才能挥洒出它的美质来。如果违背了这一基本原则，单纯地去追求新潮、时髦，着装效果往

往不好,甚至适得其反。

（2）时装是设计师们艺术创作的精品,实用性较小,往往只在时装发布会上昙花一现,瞬息即逝。其中一些生命力较强的服饰,受到人们的喜爱,则会超越国度,在国际上一定范围内流行起来,就成为流行服装。

（3）一个会打扮的女人不介意自己身上穿的服装值多少钱,而是讲究怎样通过服装把自己的个性表现出来。

美，就在身边

美，往往就在身边。美，也许是瞬间的感受。运用文字和影像图片可以将永恒定格于瞬间，可以将千里浓缩于尺幅，也可以将回忆寄托于现实。人们借助各种手段，再现人、景、事，诸如山水风光、花鸟虫鱼、乡风民俗、原生态遗产等。

活动目的

"世界上并不缺少美，只是缺少发现美的眼睛。"通过本次活动，学会发现身边的美，并用各种形式将"美"记录下来，整理成文。

一、活动步骤

1. 在班内进行分组学习，每组选择一个游览点，如博物馆、风景名胜、古迹遗址等。

2. 通过上网搜索，查阅典籍，抄录碑文壁刻，搜集有关文字资料。

3. 准备照相机、摄录机，记录美的瞬间，筛选精彩的影像图片。

4. 整理参观访问的文字资料和影像图片，描述自己的观察收获和感受。

二、活动展示

1. 与学习小组内的同学交流自己参与游览活动的情况，介绍观察结果和感受，"我"发现的美景。

2. 每位同学各写一篇参观日记。要求清楚交代游踪，运用不同的表现手法描写景物的特色，融入情理感悟，力求情景交融。

3. 召开以"美，就在身边"为主题的班会，采用多种形式，如播放视频、制作幻

灯片、展示实物、演讲、诗朗诵、编演小品等,从不同的方面反映生活中的美,表达对美的认识和关注。

 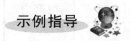

羊 城 八 景

羊城八景特指广州市的景点,从古至今,八景的选取各不相同。2011 年 5 月 18 日,"羊城新八景"评选发布典礼在广州中山纪念堂举行,这场历时半载的评选终于揭开面纱,以广州塔为代表的四处新景观入选就是羊城百姓肯定"十年蝶变"的最佳注脚。据了解,这次的评选以珠三角为核心,辐射整个广东,甚至得到了全国多个省市居民的热烈响应。仅总评公众投票一个环节,就吸引了 860 多万张选票,创下了自宋代以来"羊城八景"评选规模之最。"塔耀新城"、"珠水流光"、"云山叠翠"、"越秀风华"、"古祠流芳"、"荔湾胜境"、"科城锦绣"、"湿地唱晚"。入选景点恰好"四老四新",传统与现代相映生辉。

以广州塔为核心景点的"塔耀新城"排名第一。一座广州塔,俯瞰江与城;一条中轴线,引领大未来。"羊城新八景"评审团这样描述入选理由:作为城市新地标,广州塔与赤岗塔、海心沙、花城广场、中信广场等美景一起荟萃成中轴流光,代表着羊城蜕变之辉煌、时代精神之高峰。

珠水云山,分列二、三位。一山一水,城之命脉,自古以来稳稳占据"羊城八景"两大席位。千百年来,纵使城市面貌百变,新旧轮番,屹立的白云山始终见证着羊城的成长;而珠江水更是与两岸的都市景色一道,记录着广州城市发展腾飞的坚实足迹,见证着南国明珠改革开放的璀璨篇章。

语文综合实践活动学习小组评价表

评价项目	评价内容	评价结果		
		优秀	良好	待努力
学习态度	对学习始终抱有极大热情,认真对待,积极参与			
学习方法	找到适合的方法,能与其他小组交换、共享信息,善于请教			
组织合作	分工明确、合理,配合默契			
工作能力	信息筛选、整理、加工			
	多媒体制作			
	成果展示			
	创新			
	沟通协调			
学习反思	最大的收获是什么？活动中有遗憾吗？谈谈此次学习活动的感受吧！			

单元学习小档案

序号	项 目	内 容	备 注
1	单元作家谈		
2	单元新字词		
3	成语巧积累		
4	单元找佳句		
5	佳句我来写		
6	单元我最爱		
7	巧用网络搜		
8	单元练习我来出		
9	单元学习小疑问		
10	单元学习来拾趣		
11	意外小收获		
12	学习小建议		
注	1. 佳句我来写:对你所选出的单元佳句进行仿写,创造属于自己的佳句。 2. 单元我最爱:单元学习结束后,选出一篇你最喜欢的文章。 3. 巧用网络搜:查找一篇你喜欢的,并与本单元体裁相同的文章,可以小组内或全班分享。 4. 单元练习我来出:结合本单元的学习内容,为自己出一个单元过关测试题。 5. 单元学习来拾趣:谈谈自己在本单元学习中遇到了哪些有趣的事。		

单元二 现代诗歌

单元导语

青春旋律

同学们刚刚从初中跨入职校的校门,十五六岁的少年,青春荡漾,激情飞扬。本单元现代诗歌部分旨在对同学们进行青春教育。

本单元的训练重点是诗歌朗读,掌握诗歌朗读的基本技巧,在正确理解诗词内容的基础上,通过朗朗上口的反复朗读,领会作品丰富的内涵和情感。

"经典·语文"模块中,《沁园春·长沙》让我们感受伟人毛泽东青年时期崇高的革命理想和伟大的抱负,从而激励同学们树立远大的理想。《让我们一起奔腾吧》让我们感受奉献力量、创造美好生活的信念。《相信未来》让我们感受在阴云密布、精神痛苦的"文革"时期,作者对未来坚定不屈的信念,教育我们不管人生多么艰辛,无论命运多么坎坷,都应该坚韧不拔,百折不回,相信未来,热爱生命。

"专业·语文"模块中,"藕"是烹饪厨房的常用材料,但在诗人张香华的笔下,"藕"有着丰富的意象,象征着人生的青壮年、老年。《藕》蕴含着深邃的思想美。《一棵开花的树》是席慕容对生命的祈祷,品之既有茶的清雅,亦有咖啡的芳醇,青春的情怀动人心弦。

"生活·语文"模块中,《旧日的时光》这首经典老歌带着我们穿越青春年少的旧日时光,感受天长地久的友谊。

"语文综合实践活动"模块,结合学校语文课的推普活动,设置了诗词朗读的活动项目。

青春是激昂的,奔腾的,美好的,值得怀念的,让青春时光开出朵朵花来!

经典·语文

沁园春·长沙①

毛泽东②

课文导读

　　《沁园春·长沙》这首词作于 1925 年 12 月。当时革命运动正蓬勃发展,五卅运动和省港大罢工相继爆发,毛泽东直接领导了湖南的农民运动。同时,国共两党的统一战线已经确立,国民革命政府已在广州正式成立。这年深秋,毛泽东去广州主持农民运动讲习所,在长沙停留期间,重游橘子洲,写下了这首词。当时毛泽东 33 岁。

　　当年,革命形势高涨,群众运动风起云涌。中华民族的命运将走向何方?谁将成为主宰发展方向的力量?毛泽东写下这首词,形象地指出主宰中国革命的领导力量是用马列主义武装起来的中国共产党。面对时局,他意气风发,抒发自己崇高的革命理想和伟大的抱负。学习本词时,要学会感受并理解诗人毛泽东青年时期热爱祖国、关心国家命运、以国家振兴为己任的伟大情怀,从而树立远大的理想;要学会通过朗读感受这首词慷慨激昂的情感,提高朗读能力;要学会品味富有表现力的语言,体会诗词的崇高美。

独立寒秋,

湘江北去,

橘子洲头。

看万山红遍,

层林尽染;

漫江③碧透,

百舸④争流。

鹰击长空,

鱼翔浅底,

万类霜天竞自由。

怅寥廓⑤,

问苍茫大地，
谁主沉浮？

携来百侣⑥曾游，
忆往昔峥嵘岁月稠⑦。
恰⑧同学少年，
风华正茂；
书生意气，
挥斥方遒⑨。
指点江山，
激扬文字，
粪土当年万户侯。
曾记否，
到中流击水，
浪遏⑩飞舟！

 注释：

① 沁园春·长沙：沁园春，词牌名，"沁园"是东汉明帝为女儿沁水公主修建的皇家园林。据《后汉书·窦宪传》记载，沁水公主的舅舅窦宪倚仗其妹贵为皇后之势，竟强夺公主园林，后人感叹其事，多在诗中咏之，渐成"沁园春"这一词牌。

② 毛泽东（1893年12月26日—1976年9月9日），字润之（原作咏芝，后改润芝），笔名子任。湖南湘潭人。中国革命家、战略家、理论家、诗人，中国共产党、中国人民解放军和中华人民共和国的主要缔造者和领袖，毛泽东思想的主要创立者。从1949年到1976年，毛泽东是中华人民共和国的最高领导人。

③ 漫江：满江。漫，满，遍。

④ 舸（gě）：大船。这里泛指船只。

⑤ 怅寥廓（chàng liáo kuò）：面对广阔的宇宙惆怅感慨。怅，原意是失意，这里用来表达由深思而引发激昂慷慨的心绪。寥廓，广远空阔，这里用来描写宇宙之大。

⑥ 百侣：很多的伴侣。侣，这里指同学（也指战友）。

⑦ 峥嵘（zhēng róng）岁月稠：不平常的日子是很多的。峥嵘：山势高峻，这里是不平凡，不寻常的意思。稠：多。

⑧ 恰：适逢，正赶上。

⑨ 挥斥方遒（qiú）：挥斥，奔放。《庄子·田子方》"挥斥八极。"郭象注："挥

斥,犹纵放也。"道,强劲有力。方,正。挥斥方遒,是说热情奔放,劲头正足。

⑩ 遏(è):阻止。

 思考与探究

1. 反复朗读并背诵这首词,注意把握情感和节奏。下列诗句朗读节奏有错误的一项是(　　)。

A. 问/苍茫/大地,谁主/沉浮

B. 携来/百侣/曾游,忆/往昔/峥嵘岁月/稠

C. 指点/江山,激扬文字,粪土/当年/万/户侯

D. 看/万山/红遍,层林/尽染

2. 请用自己的话描述这首词上阕所描写的湘江秋景图,这些意象表达了诗人怎样的情感和思绪?下阕围绕"忆往昔峥嵘岁月稠",又表达了作者怎样的思想情怀?

3. 课外阅读毛泽东的诗词和书法作品,同学之间交流心得。通过朗读体会他的诗歌的崇高美。

让我们一起奔腾吧①

——献给变革者的歌

江　河②

 课文导读

　　这首诗是江河写于20世纪80年代的作品。当时,中国刚从"文革"动乱中走出,进入全面改革开放的新时代,开始由内乱走向建设,社会逐步走回正轨。国家的这一变化让所有的中国人都感到鼓舞和振奋,人们普遍感到国家发展的春天回来了。作为诗人的江河更是敏感地意识到国家这一变化的意义和重要性,面对一个崭新的时代,诗人满怀激情地进行了歌唱,并且明确地表示要把这首歌献给所有的变革者。

　　诗歌用纷繁的比喻和意象描绘了一派生机盎然的景象,展现了奋发向上的青春激情,表达了对理想的向往和追求,激励青年人要不畏艰险,奋力进取,号召人们一起奔腾,投入社会改革的洪流中,和自己一起迎接、创造、走向美好的未来。

一

我和春天一起写这首诗

和你，和更多的人一同唱这支歌

海水与冰块猛烈相撞，船冲向浪头

我们这样站着

温柔地呼唤风，像呼唤姑娘们

使大地上所有的小树木都涨满绿色的帆

当喷吐着鲜红火焰的果子

被狂风一个个击落，那时候

种子要撒遍土地，和矿藏一同沉默着

为了在今天歌唱

为了歌唱玉兰花

把洁白的心向蓝天打开

为了不再孤独，繁星似的迎春到处闪烁

金色的声音刺激着我们

阳光追逐着，鸟儿牵动着

让我们一块儿走吧

在花瓣匆匆铺成的道路上芬芳地走吧

紫丁香像影子一样在身后晃动

春天正迎着我们走来，献上更多的花朵

二

你热情、开朗，像四月的阳光

想象的云朵在疾风中飘扬

寻找着美好的声音

爱情的震颤，庄稼的波涛，金属的鸣响

走向辽远的地方，放出喉咙里的力量

你一阵又一阵风似的向我跑来

告诉我使你坐不住的事情

捧着激荡的诗

一直读到希望战栗着升起

抖索着黎明时分蓝色的锋芒
我知道你那善良的愿望,你们原谅的姑娘
原谅的,生活中渐渐迷茫的目光
但是那不能原谅的一切
又尖锐地刺痛你
你憎恨黑暗,甚至阴影
因此,清澈地对待别人,清澈得
看到心,一颗鲜红的浆果在绿叶丛中摇荡

你将一年又一年把这鲜红的果子挂满枝头
让善良的人们摘去
想到你,我的诗中就扬起好听的声响

三

我们结识了。岩石
用大海翡翠的语言交谈
用坦白得像沙滩一样的语言
雪花似的水鸟栖息在我们的肩头
飞去又回来,我们就这样和天空对话

我们结识了。江河
蔚蓝的在黑土地上流过
太阳和星星睡在我们的怀里
闪闪发光,颤动着金碧辉煌的梦
点点白帆像纯洁的姑娘们伴随着我们

山上长满倔强的针叶树
在冬天也是绿色的战士

四

土地说:我要接近天空
于是,山脉耸起

人说:我要生活
于是,洪水退去
河流优美地流着

让我们和更多的人一块儿走吧
祖先在风中诉说着青葱的愿望
血液在身体里温暖地流着，在太阳上欢跃
太阳把七色的花朵投在成千上万的枝条上
我们又将给大地留下什么呢
成千上万只叶子的小船从枝条上出发
大海把清脆的浪花投进岩石缝中
我们的手臂又将收获什么
岁月的皱纹又将闪出什么样的光辉呢
我不能设想，美丽的风光
不在人们脸上闪动
我们死去和诞生的地方还有什么意义
我不能设想，崛起的建筑里
不溢满普通家庭的笑声
我们的劳动、创造还有什么意义

为此
我和大海一同醒来，拿起工具
春天伴随着我们一同奔腾

 注释：

① 选自《朦胧诗选》，春风文艺出版社1985年版。

② 江河，原名于友泽，生于1949年，北京人。江河的诗歌创作始于20世纪80年代初，与北岛、顾城、舒婷、杨炼、梁小斌等人构成了中国现代诗歌史上最引人注目的朦胧诗群，是新时期朦胧诗派的代表人物之一。其作品有《纪念碑》、《星星变奏曲》等。

 思考与探究

1. 诗歌体现了改革开放之初青年什么样的精神风貌？

2. 诗歌第一部分表达了作者怎样的思想情感？

3. 如何理解诗歌第三部分的诗行排列和诗歌表现的内容？

相信未来

食 指①

《相信未来》一诗作于 1968 年。该诗以其深刻的思想、优美的意境、朗朗上口的诗风让人们懂得了在逆境中,怎样好好生活,怎样自我鼓励,怎样矢志不渝地恪守自己对明天的承诺!

在阴云密布、精神痛苦的"文化大革命"时期,《相信未来》在人们心灵上投下了一道希望之光。食指"相信未来",那种残忍的、固执的、痛苦的、伤痕累累的相信,读来让我们怦然心动! 学习这首诗要结合当时的背景来理解作品,体会诗人"痛苦的吟哦只为追问光明"之情怀,教育我们相信未来,热爱生命;进一步通过诵读,领会诗歌意蕴深刻的意象;在把握情感的基础上来朗读,通过朗读体会富有韵律感的语言。

当蜘蛛网无情地查封了我的炉台,
当灰烬的余烟叹息着贫困的悲哀,
我依然固执地铺平失望的灰烬,
用美丽的雪花写下:相信未来。

当我的紫葡萄化为深秋的露水,
当我的鲜花依偎在别人的情怀,
我依然固执地用凝霜的枯藤,
在凄凉的大地上写下:相信未来。

我要用手指那涌向天边的排浪,
我要用手撑那托住太阳的大海,
摇曳着曙光那温暖漂亮的笔杆
用孩子的笔体写下:相信未来。

我之所以坚定地相信未来,
是我相信未来人们的眼睛——

她有拨开历史风尘的睫毛，
她有看透岁月篇章的瞳孔。

不管人们对于我们腐烂的皮肉，
那些迷途的惆怅、失败的苦痛，
是寄予感动的热泪、深切的同情，
还是给以轻蔑的微笑、辛辣的嘲讽。

我坚信人们对于我们的脊骨，
那无数次的探索、迷途、失败和成功，
一定会给予热情、客观、公正的评定。
是的，我焦急地等待着他们的评定。

朋友，坚定地相信未来吧，
相信不屈不挠的努力，
相信战胜死亡的年轻，
相信未来，热爱生命。

1968 年　北京

 注释：

① 食指，原名郭路生，中国当代诗人，被称为中国朦胧体诗歌的创始人。20
岁时写的名作《相信未来》、《海洋三部曲》、《这是四点零八分的北京》等以手抄本
的形式在社会上广为流传。他的诗歌曾经深深地影响、鼓励、陶冶过整整一代
人。食指命运多舛，18 岁遭批斗，与此同时家庭也陷入政治迫害。1973 年，食指
被诊断患有精神分裂症。

 思考与探究

1. 你认为诗题"相信未来"有几层含义？请结合诗歌作简要说明。

2. 认真品读第一、二节诗歌的语言，仿照这两节诗歌的语言形式，用"当……，
当……，我依然……，……写下……"的句式写下一个长句。

3. 比较《让我们一起奔腾吧》和《相信未来》两首诗歌，说说你更喜欢哪一首并
说明理由。

藕①

张香华②

课文导读

　　张香华的诗作,语言质朴,描写细致入微。藕,本是日常生活中普普通通的食材,餐桌上一道平常的菜肴,在诗人的笔下却化作了曼妙的诗行。诗人以藕象征人生,用诙谐风趣的字句,表达了深邃的思想。作者以敏锐的视角,用平常的事物入诗,将日常生活中经历的种种转化成丰富的意象,用清浅的笔锋,娓娓细说着青春的律动、壮年的成熟、老年的积淀与回味。细品诗人的遣词造句,可以发现一句或一字之奇所产生的文学魅力及艺术价值。品读这首诗,想一想,在你的餐桌上,是否也有一道这样的菜肴,尝之如品人生?

盛夏之后,荷瓣
再无力裹护嫩黄的蕊
一片片零落
告诉早来的秋风
满场欢情,已经过境

退红留下轻艳
残荷带来细碎的雨声
就用一张枯叶包了去吧
擎在风中的莲蓬
频摇它焦褐的头

晚餐桌上
一节熟藕,切成
一碟淡紫的薄片
细巧、玲珑的圆孔
幽静而散淡奏出

乐句:这一夏的美
属于泥下的根

注释:

① 选自《张香华诗集》。

② 张香华(1939—　)，女，诗人。福建龙岩人，1939年7月30日生于中国香港，台湾师范大学中文系毕业。曾任《草根》诗刊执行编辑，《文星》杂志诗页主编。1958年开始发表诗作，主要作品有《四像》、《午后的垂钓》、《秋刀鱼的话》、《人生和棋》等。著有诗集《不眠的青青草》、《爱荷华诗抄》、《千般是情》，散文集《星湖散记》等，另编有《玫瑰与坦克》、《菲华现代诗选》，塞尔维亚文本《中国现代诗选》等。1992年获国际桂冠诗人协会颁赠桂冠荣衔。2000年获第三届中央文化工作会五四奖的"文学交流奖"、南斯拉夫杰出文化贡献奖。1997年获中国文艺协会颁赠文艺广播奖。

思考与探究

有人说，这首诗化无声物为有声，激发人们的想象，是外在美与心灵美的双重意识层面的统一，富有内涵和诗意，你对此如何理解？

一棵开花的树①

席慕容②

课文导读

席慕容的作品深受东方古老哲学的影响，带有宗教色彩，作品格调清新，文字淡雅别透，抒情灵动，饱含着对生命的挚爱真情。《一棵开花的树》以生动、形象的比喻，刻画了鲜明的人物形象，突出了主人公与开花的树、物与我的关系，凝聚成传情达意的意象群落，达到将感受视听化的艺术效果，震撼人心。想象一下，这棵开花的树是什么树？茶树？咖啡树？或是其他？当鲜花盛开，每一棵树都在等待，等着我们一起去寻找一种诗意的生活。泡上一杯香茗或一壶咖啡，细细品味这首诗，让我们一起聆听这青春的歌吟！

如何让你遇见我

在我最美丽的时刻

为这

我已在佛前求了五百年

求佛让我们结一段尘缘

佛于是把我化做一棵树

长在你必经的路旁

阳光下

慎重地开满了花

朵朵都是我前世的盼望

当你走近

请你细听

那颤抖的叶

是我等待的热情

而当你终于无视地走过

在你身后落了一地的

朋友啊

那不是花瓣

那是我凋零的心

注释：

① 选自《七里香》，中国台湾大地出版社 1981 年版。

② 席慕容(1943—　)，中国台湾人，祖籍内蒙古，当代诗人、散文家、知名画家。代表作有：诗集《七里香》、《无怨的青春》、《时光九篇》，散文集《有一首歌》、《江山有诗》、《成长的痕迹》等。1966 年以第一名的成绩毕业于比利时布鲁塞尔皇家艺术学院。曾获比利时皇家金牌奖、布鲁塞尔市政府金牌奖、欧洲美协两项铜牌奖、金鼎奖最佳作词及中兴文艺奖章新诗奖等。

思考与探究

1. 席慕容曾说："《一棵开花的树》是我写给自然界的一首情诗。"而不少读者则认为，这首诗描写的是一位少女对爱情的执著追求。请谈谈你的看法。

2. 拓展迁移：请根据对这首诗的理解，根据自己所学的专业设计以"一棵开花的树"为主题的作品(如艺术插花、茶席设计、动漫等)，形式不限。

旧日的时光①

[英]罗伯特·彭斯②

课文导读

　　本诗是世界名歌，几百年来久唱不衰，后来成为电影《魂断蓝桥》的插曲，传遍世界各地。人们喜爱在告别宴会上颂唱此歌。它原为苏格兰民歌，根据彭斯自述，是根据一位苏格兰老人的演唱记录整理而成。彭斯在诗前加上评语："创作这样光辉诗篇的天才是受到上帝启示的，这样的天才诗人胸中一定燃烧着烈火，在这首诗里有着民间天才的火焰，即便集六七位近代英国的文人墨客之功力，也无法与之相比。"

　　《旧日的时光》具有浓郁的民歌风味，情感真挚，节奏明快，仿佛一气呵成。诗歌运用民歌中常用的"重章复唱"的手法，回环往复，感情不断深化，加强了抒情效果，读来余音袅袅，令人回味无穷。诗歌语言朴实清新，有一种天籁般的醇厚韵味，几百年来感动着一代又一代的读者。

一

难道就该把老朋友遗忘，
不把他再挂在心上？
难道就该把老朋友遗忘，
还有那旧日的时光？
（副歌）
为了那旧日的时光，老朋友，
为了那旧日的时光，
让我们干一杯友谊之酒，
为了那旧日的时光。

二

你准会把一大杯喝尽！
我也会把我的喝光！

让我们干一杯友谊之酒，
为了那旧日的时光。

三

为了采摘美丽的延命菊，
我们俩在山坡游荡；
但我们经历了万里跋涉，
自从那旧日的时光。

四

从朝阳初升一直到中午，
我们俩漫步溪上；
呼啸的重洋把我们相隔，
自从那旧日的时光。

五

忠实的朋友，这是我的手，
请给我你那只手掌；
我们干一杯友谊之酒，
为了那旧日的时光。

 注释：

① 选自《彭斯诗钞》，袁可嘉译。

② 罗伯特·彭斯(1759—1796)，苏格兰农民诗人。他大大丰富了苏格兰民歌；他的诗歌富有音乐性，可以歌唱。彭斯生于苏格兰民族面临被异族征服的时代，因此，他的诗歌充满了激进的民主、自由的思想。他的许多抒情诗，像歌颂友谊和怀旧的《旧日的时光》以及赞美爱情的《一朵红红的玫瑰》等，都是根据民歌改编而成的。这些诗作犹如中国古代的乐府民歌，朴实、真率，不带丝毫书卷气，朗朗上口，可歌可咏，广为传诵。

 思考与探究

1. 这首诗歌选取了哪些意象来表现旧日的时光？这些意象有什么特点？

2. 第一节诗歌有什么特点？后面的副歌是否多余？为什么？

3. 本诗在语言上有何特点？

诗词诵读

活动目的

1. 让学生进一步了解诗歌，热爱诗歌，激发学生阅读诗歌的兴趣。

2. 通过正确、清晰、得体的朗读，引导学生领略诗文的精妙之处，培养口语表达能力。

3. 提高学生朗诵水平；培养学生对诗歌的欣赏能力。

4. 培养学生团结合作的精神。

活动过程

一、活动步骤

（一）指导教师作活动前的动员及辅导。

1. 让学生了解活动的意义。

2. 学生在教师指导下练习发声，进行语音训练，掌握基本的诵读技巧。

1）练习发声。

（1）口部训练操。

第一节：开合运动——张嘴打哈欠，闭嘴啃苹果。

第二节：咀嚼运动——张口与闭口结合。

第三节：双唇运动——转圈与打响。

第四节：舌部运动——转圈与打响。

（2）气息控制训练。

① 深吸气，均匀呼气。缓慢持续地发出 ai、uai、uang、iang 四个音。

② 夸大声调，延长发音，控制气息。花红柳绿 h—ua h—ong l—iu l—ü 发音时，声母和韵母之间气息拉长，要均匀、不断气。

（3）绕口令训练。

① 牛郎年年恋刘娘，刘娘连连念牛郎，牛郎恋刘娘，刘娘念牛郎，郎恋娘来娘

念郎。

②　山前有四十四棵死涩柿子树,山后有四十四只石狮子,山前的四十四棵死涩柿子树,涩死了山后的四十四只石狮子,山后的四十四只石狮子,咬死了山前的四十四棵死涩柿子树,不知是山前的四十四棵死涩柿子树涩死了山后的四十四只石狮子,还是山后的四十四只石狮子咬死了山前的四十四棵死涩柿子树。

2) 语音训练。

在朗读时要注意停顿、重音、语速、句调。同一语句,往往因为停顿、重音、语速和语调升降的处理不一样而能表达出多种意思。

例如:

这是一百万元。(中速,→平调)(一手交钱,一手交货,司空见惯)

这是/一百万元!(慢速,↓降调)(强调金额很大)

这/是一百万元?(慢速,↑升调)(怀疑,不相信有这么多)

这是/一百万元?(快速,↑升调)(惊讶,怎么这么多)

(二) 分小组练习诵读技巧。

1. 朗读郭小川《团泊洼的秋天》这首诗的最后三段,注意停顿。

请听听吧,这是战士/一句句从心中//掏出的话。

团泊洼,团泊洼,你真是那样/静静的吗?

是的,团泊洼是静静的,但那里/时刻都会//轰轰爆炸!

不,团泊洼是喧腾的,这首诗篇里/就充满着//嘈杂。

不管怎样,且把这矛盾重重的诗篇/埋在坎下,

它也许不合你秋天的季节,但到明春/准会/生根发芽

2. 同一句话,重音不同,表达的意思也往往不同。

我去过上海。(回答"谁去过上海")

我去过上海。(回答"你去没去过上海")

我去过上海。(回答"北京、上海等地,你去过哪儿")

3. 朗读《雷雨》中周朴园和鲁侍萍的对话,根据人物心情的变化调整语速。

提示:热烈、欢快、兴奋、紧张的内容速度快一些;平静、庄重、悲伤、沉重、追忆的内容速度慢一些;而一般的叙述、说明、议论则用中速。

周:梅家的一个年轻小姐,很贤惠,也很规矩。有一天夜里,忽然地投水死了。后来,后来——你知道吗?(慢速。周朴园故作与鲁侍萍闲谈状,以便探听一些情况)

鲁:这个梅姑娘倒是有一天晚上跳的河,可是不是一个,她手里抱着一个刚生下三天的男孩,听人说她生前是不规矩的。(慢速,侍萍回忆悲痛的往事,又想极力克制怨愤,以免周朴园认出)

鲁:我前几天还见着她!(中速)

周：什么？她就在这儿？此地？（快速。表现周朴园的吃惊与紧张）

鲁：老爷，您想见一见她么？（慢速。鲁故意试探）

周：不，不，不用。（快速。表现周朴园的慌乱与心虚）

周：我看过去的事不必再提了吧。（中速）

鲁：我要提，我要提，我闷了三十年了！（快速。表现鲁侍萍极度的悲愤，以至几乎喊叫）

4. 朗诵叶挺的《囚歌》，注意句调的处理。

提示：

（1）升调（↗），前低后高，语势上升。一般用来表示疑问、反问、惊异等语气。

（2）降调（↘），前高后低，语势渐降。一般用于陈述句、感叹句、祈使句，表示肯定、坚决、赞美、祝福等感情。

（3）平调（→），语势平稳舒缓，用于不带特殊感情的陈述和说明，还可表示庄严、悲痛、冷淡等感情。

（4）曲调，全句语调或先升后降，或先降后升，往往把句中需要突出的词语拖长念，这种句调常用来表示讽刺、厌恶、反语、意在言外等语气。

囚　歌

为人进出的门紧锁着，（→平调）（冷眼相看）

为狗爬出的洞敞开着，（→平调）

一个声音高叫着：（↗曲调）（嘲讽）

——爬出来吧，给你自由！（↘曲调）（诱惑）

我渴望自由，（→平调）（庄严）

但我深深地知道——（→平调）

人的身躯怎能从狗洞子里爬出！（↗升调）（蔑视、愤慨、反击）

我希望有一天，（→平调）

地下的烈火，（稍向上扬）（语意未完）

将我连这活棺材一齐烧掉，（↓降调）（毫不犹豫）

我应该在烈火与热血中得到永生！（↓降调）（沉着、坚毅、充满自信）

5. 综合训练——诗词类。

春　晓

春眠/不觉/晓，处处/闻/啼鸟。

（慢速，柔和、舒缓；↗升调，"鸟"字的尾音稍向上扬——表现春光明媚，鸟语花香的明朗景象）

夜来/风雨/声，花落/知/多少。

（慢速，逐渐减轻"知多少"三个字的音量，↓降调——表现诗人对落花的惋惜心情）

满 江 红

怒发/冲冠,凭栏处、潇潇雨歇。抬望眼(声音延长,表示期盼),仰天/长啸,壮怀(→平调)/激烈。三十功名/尘与土(↓降调,表示愤慨),八千里路/云和月(↓降调,表示愤慨)。莫等闲,白了/少年头,空/悲切(曲调,表示激昂)!

靖康耻,犹/未雪;臣子恨,何/时灭(↑升调)?驾长车,踏破/贺兰山缺。壮志饥餐/胡房肉,笑谈渴饮/匈奴血(↓降调,表示坚决)。待从头,收拾/旧山河,朝/天/阙(↓降调,表示沉着、坚毅、充满信心)!

(三)每组选择一首诗歌,进行配乐诵读。

要求:

1. 选择的诗歌形式、题材不限,有兴趣的学生还可以自己创作。

2. 能够运用一定的诵读技巧。

3. 选择适当的背景音乐。

4. 小组长明确组内分工,组织小组成员作好资料的收集、整理等工作,共同确定展示的形式。

二、活动展示——诗词诵读比赛

(一)分小组进行配乐诵读比赛。

要求:

1. 内容健康,积极向上。

2. 参赛采取抽签为序。

3. 选手必须脱稿诵读。

4. 选手必须用普通话诵读。

5. 每组选手展示时间为 3～5 分钟。

6. 诵读形式不限,每组参赛人数 2～6 人为宜(可根据实际情况作调整)。

(二)师生共同点评。

点评项目:

1. 作品主题鲜明,内容积极向上。

2. 精神饱满,神态自然,仪态大方,举止得体。

3. 感情饱满真挚,表达流畅。

4. 诵读熟练,声音洪亮。

5. 吐字清晰,普通话发音标准。

6. 能把握诗歌节奏,能正确运用停顿、重音、语速、句调等诵读技巧。

7. 能正确把握诗歌内容,声情并茂,诵读富有韵味和表现力,能与观众产生共鸣。

8. 诵读形式富有创意,所选择的背景音乐有助于突出作品主题,创设良好的

氛围。

9. 积极参与活动,小组成员分工明确,互相协作,配合默契。

10. 小组间互相学习交流,善于沟通协调,有团队精神。

11. 采用多媒体进行辅助,效果良好。

（三）活动过程中,用照相机、摄录机记录本次活动美的瞬间,筛选精彩的图片和影像。

（四）课后整理文字资料和图片影像,描述自己的收获和感受,并在班级宣传栏进行展示。

语文综合实践活动学习小组评价表

评价项目	评价内容	评价结果		
		优秀	良好	待努力
学习态度	对学习始终抱有极大热情,认真对待,积极参与			
学习方法	找到适合的方法,能与其他小组交换、共享信息,善于请教			
组织合作	分工明确、合理,配合默契			
工作能力	信息筛选、整理、加工			
	多媒体制作			
	成果展示			
	创新			
	沟通协调			
学习反思	最大的收获是什么？活动中有遗憾吗？谈谈此次学习活动的感受吧！			

单元学习小档案

序号	项　目	内　容	备　注
1	单元作家谈		
2	单元新字词		
3	成语巧积累		
4	单元找佳句		
5	佳句我来写		
6	单元我最爱		
7	巧用网络搜		
8	单元练习我来出		
9	单元学习小疑问		
10	单元学习来拾趣		
11	意外小收获		
12	学习小建议		
注	1. 佳句我来写:对你所选出的单元佳句进行仿写,创造属于自己的佳句。 2. 单元我最爱:单元学习结束后,选出一篇你最喜欢的诗歌。 3. 巧用网络搜:查找一篇你喜欢的,并与本单元体裁相同的诗歌,可以小组内或全班分享。 4. 单元练习我来出:结合本单元的学习内容,为自己出一个单元过关测试题。 5. 单元学习来拾趣:谈谈自己在本单元学习中遇到了哪些有趣的事。		

单元三　说　明　文

单元导语

社　会　百　科

　　说明文在本教材中一共安排两个单元,《中职语文》第一册和第二册各一个单元。每个单元分经典、专业、生活三个模块,每个模块分别选取中外名人名家的经典作品。在编写上,依据大语文、大阅读的编写理念,结合中职学校不同专业的知识要求,以说明文为载体,展示丰富多彩的大千世界,训练学生的逻辑思维能力和筛选信息的能力,培养学生的科学精神和人文思想,并通过综合实践活动进行拓展训练,学以致用。

　　本单元的编写遵循从熟悉到陌生、从直观到抽象、从简单到复杂的梯度来进行安排。安排内容是和个人生活密切相关的或和所学专业可能相关的百科知识,包括语文、服装、建筑、音乐、饮食、茶艺等方面,通过阅读课文,开阔学生眼界,丰富学生知识。在能力培养方面,重点训练学生运用定向阅读的方法,运用检索、浏览、速读、跳读等方式,培养学生筛选信息的能力。在情感态度方面,让学生了解百科知识,学习求真务实的科学精神,热爱多姿多彩的社会生活。

　　语文综合实践活动为通过搜集筛选中国传统节日信息,展示我国传统节日风俗,弘扬中国传统文化。

语言的演变①

吕叔湘②

课文导读

　　本文为《语文常谈》一书的第六章，原名《古今言殊》，是一部关于语言文字的普及性读物，共收文章八篇，课文是其中的第六篇。全文分为四个部分，四个部分的小标题分别为"语言也在变"，"语汇的变化"，"语法、语音的变化"，"从文言到白话"。选入课本时，删去了第一、第四部分，删去了第二、第三部分的小标题。

　　本文围绕着语言的变化，分别从语音、语法、语汇三个方面作了较为详细的说明。由于语汇变化最快、最显著，所以说明最详尽；其次是语音；再次是语法。主要采用举例说明和比较说明的方法，条理清晰，重点突出。

　　世界上万事万物都永远在那儿运动、变化、发展，语言也是这样。语言的变化，短时间内不容易觉察，日子长了就显出来了。比如宋朝的朱熹，他曾经给《论语》做过注解，可是假如当孔子正在跟颜回、子路他们谈话的时候，朱熹闯了进去，管保他们在讲什么，他是一句也听不懂的。不光是古代的话后世的人听不懂，同一种语言在不同的地方经历着不同的变化，久而久之也会这个地方的人听不懂那个地方的话，形成许许多多方言。

　　语言的变化涉及语音、语法、语汇三方面。语汇联系人们的生活最为紧密，因而变化也最快，最显著。有些字眼儿随着旧事物、旧概念的消失而消失。例如《诗经·鲁颂》的《駉③》这一首诗里提到马的名称就有 16 种："骊④"（身子黑而胯下白的），"皇"（黄白相间的），"骊⑤"（纯黑色的），"黄"（黄而杂红的），"骓⑥"（青白杂的），"駓⑦"（黄白杂的），"骍⑧"（红黄色的），"骐⑨"（青黑成纹像棋道的），"骊⑩"（青黑色而有斑像鱼鳞的），"骆"（白马黑鬃），"骊⑪"（红马黑鬃），"雒⑫"（黑马白鬃），"駰⑬"（灰色有杂毛的），"駴⑭"（红白杂毛的），"驒⑮"（小腿长白毛的），"鱼"（两眼旁边毛色白的）。全部《诗经》里的马的名称还有好些，再加上别的书里的，名堂就更多了。这是因为马在古代人的生活里占重要位置，特别是那些贵族很讲究

养马。这些字绝大多数后来都不用了。别说诗经时代，清朝末年离现在才几十年，翻开那时候的小说像《官场现形记》之类来看看，已经有很多词语非加注不可了。

有些字眼随着新事物、新概念的出现而出现。古代席地而坐，没有专门供人坐的家具，后来生活方式改变了，坐具产生了，"椅子""凳子"等字眼也就产生了。椅子有靠背，最初就用"倚"字，后来才写做"椅"。凳子最初借用"橙"字，后来才写做"凳"。桌子也是后来才有的，古代只有"几""案"，都是很矮的，适应席地而坐的习惯，后来坐高了，几案也不得不加高，于是有了新的名称，最初就叫"卓子"（"卓"是高而直立的意思），后来才把"卓"写做"桌"。

外来的事物带来了外来语。虽然汉语对于外来语以意译为主，音译词（包括部分译音的）比重较小，但是数目也还是可观的。比较早的有葡萄、苜蓿、茉莉、苹果、菠菜等等，近代的像咖啡、可可、柠檬、雪茄、巧克力、冰淇淋、白兰地、啤酒、卡片、沙发、扑克、哔叽、尼龙、法兰绒、道林纸、芭蕾舞等等，都是极常见的。由现代科学和技术带来的外来语就更多了，像化学元素的名称就有一大半是译音的新造字，此外像摩托车、马达、引擎、水泵、卡车、吉普车、拖拉机、雷达、爱克斯光、淋巴、阿米巴、休克、奎宁、吗啡、尼古丁、凡士林、来苏水、滴滴涕、逻辑、米（米突）、克（克兰姆）、吨、瓦（瓦特）、卡（卡路里）等等，都已经进入一般语汇了。

随着社会的发展，生活的改变，许多字眼的意义也起了变化。比如有了桌子之后，"几"就只用于"茶几"，连炕上摆的跟古代的"几"十分相似的东西也叫做"炕桌儿"，不叫做"几"了。又如"床"，古代本是坐卧两用的，所以最早的坐具，类似现在的马扎的东西，叫做"胡床"，后来演变成了椅子，床就只指专供睡觉用的家具了。连"坐"字的意义，古代和现代也不完全一样：古代席地而坐，两膝着席，跟跪差不多，所以《战国策》里说伍子胥"坐行蒲服，乞食于吴市"，坐行就是膝行（蒲服即匍匐）；要是按现代的坐的姿势来理解，又是坐着又是走，那是绝对不可能的。

再举两个名称不变而实质已变的例子。"钟"本是古代的乐器，后来一早一晚用钟和鼓报时，到了西洋的时钟传入中国，因为它是按时敲打的，尽管形状不同，也管它叫钟，慢慢地时钟不再敲打了，可是钟的名称不变，这就跟古代的乐器全不相干了。"肥皂"的名称出于皂角树，从前把它的荚果捣烂搓成丸子，用来洗脸洗澡洗衣服，现在用的肥皂是用油脂和碱制成的，跟皂角树无关。肥皂在北方又叫"胰子"，胰子原来也是一种化妆用品，是用猪的胰脏制成的，现在也是名同实异了。

也有一些字眼的意义变化或者事物的名称改变，跟人们的生活不一定有多大关系。比如"江"原来专指长江，"河"原来专指黄河，后来都由专名变成通名了。又

如"菜"，原来只指蔬菜，后来连肉类也包括进去，到菜市场去买菜或者在饭店里叫菜，都是荤素全在内。这都是词义扩大的例子。跟"菜"相反，"肉"原来指禽兽的肉，现在在大多数地区如果不加限制词就专指猪肉，这是词义缩小的例子（"肉"最初不用于人体，后来也用了，在这方面是词义扩大了）。"谷"原来是谷类的总名，现在北方的"谷子"专指小米，南方的"谷子"专指稻子，这也是词义缩小的例子。

词义也可以转移。比如"涕"，原来指眼泪，《庄子》里说："哭泣无涕，中心不戚。"可是到汉朝已经指鼻涕了，王褒《僮约》里说："目泪下，鼻涕长一尺。"又如"信"，古代只指送信的人，现在的信古代叫"书"，《世说新语》："俄而谢玄淮上信至，（谢安）看书竟，默默无言"，"信"和"书"的分别是很清楚的。后来"信"由音信的意思转指书信，而信使的意思必得和"使"字连用，单用就没有这个意思了。

词义也会弱化。比如"很"，原来就是凶狠的"狠"，表示程度很高，可是现在已经一点也不狠了，例如"今天很冷"不一定比"今天冷"更冷些，除非"很"字说得特别重。又如"普遍"，本来是无例外的意思，可是现在常听见说"很普遍"，也就是说例外不多，并不是毫无例外。

如果我们换一个角度来看事物怎样改变了名称，那么首先引起我们注意的是，像前边分析《战国策》那一段文字的时候已经讲过的，很多古代的单音词现代都多音化了。这里再举几个人体方面的例子："耳"成了"耳朵"，"眉"成了"眉毛"，"鼻"成了"鼻子"，"发"成了"头发"。有的是一个单音词换了另外一个单音词，例如"首"变成"头"（原来同义），"口"变成"嘴"（原来指鸟类的嘴），"面"变成"脸"（原来指颊），"足"变成"脚"（原来指小腿）。有些方言里管头叫"脑袋""脑壳"，管嘴叫"嘴巴"，管脸叫"面孔"，管脚叫"脚板""脚丫子"，这又是多音化了。

动词的例子：古代说"食"，现代说"吃"；古代说"服"或"衣"，现代说"穿"；古代说"居"，现代说"住"；古代说"行"，现代说"走"。形容词的例子：古代的"善"，现代叫"好"；古代的"恶"，现代叫"坏"；古代的"甘"，现代叫"甜"；古代的"辛"，现代叫"辣"。

字眼的变换有时候是由于忌讳：或者因为恐惧、厌恶，或者因为觉得说出来难听。管老虎叫"大虫"，管蛇叫"长虫"，管老鼠叫"老虫"或"耗子"，是前者的例子。后者的例子如"大便""小便""解手""出恭"（明朝考场里防止考生随便进出，凡是上厕所的都要领块小牌子，牌子上写着"出恭入敬"）。

语法方面，有些古代特有的语序，像"吾谁欺""不我知""夜以继日"，现代不用了。有些现代常用的格式，像"把书看完"这种"把"字式，"看得仔细"这种"得"字式，是古代没有的。可是总起来看，如果把虚词除外，古今语法的变化不如词汇的变化那么大。

语音，因为汉字不是标音为主，光看文字看不出古今的变化。现代的人可以用

现代字音来读古代的书,这就掩盖了语音变化的真相。其实古今的差别是很大的,从几件事情上可以看出来。第一,旧诗都是押韵的,可是有许多诗现在念起来不押韵了。例如白居易的诗:"离离原上草,一岁一枯荣(róng)。野火烧不尽,春风吹又生(shēng)。远芳侵古道,晴翠接荒城(chéng)。又送王孙去,萋萋满别情(qíng)。"这还是唐朝的诗,比这更早一千多年的《诗经》里的用韵跟现代的差别就更大了。其次,旧诗里边的"近体诗"非常讲究诗句内部的平仄,可是许多诗句按现代音来读是"平仄不调"的。例如李白的诗:"青山横北郭,白水绕东城。此地一为别,孤蓬万里征……""郭""白""一""别"四个字原来都是入声,归入仄声,可是现在"郭""一"是阴平,"白""别"是阳平,于是这四句诗就成为"平平平仄平,平仄仄平平,仄仄平平平,平平仄仄平"了。又其次,汉字的造字法里用得最多的是形声法,常常是甲字从乙字得声,可是有许多这样的字按现代的读音来看是不可理解的。例如"江"从"工"得声,"潘"从"番"得声,"泣"从"立"得声,"提"从"是"得声,"通"从"甬"得声,"路"从"各"得声,"庞"从"龙"得声,"移"从"多"得声,"谅"从"京"得声,"悔"从"每"得声,等等。从上面这些事例看来,汉字的读音,无论是声母、韵母、声调,都已经有了很大的变化了。

 注释:

① 本文选自《吕叔湘文集》(商务印书馆,1993 年 9 月出版)第 5 卷《语文常谈》的第六章,原名《古今言殊》,选入时有删减。

② 吕叔湘,江苏省丹阳县人,我国当代著名的语言学家。数十年来一直从事语文研究和语文教学工作,写了不少专著,代表作是《中国文法要略》《汉语语法论文集》《语法修辞讲话》(与朱德熙合著)。

③~⑮ 駉(jiōng)、騟(yù)、骊(lí)、骓(zhuī)、駓(pī)、騂(xīng)、骐(qí)、驼(tuó)、骝(liú)、雒(luò)、骃(yīn)、騢(xiá)、驙(tǎn)。

 思考与探究

1. 通过本文的学习,你知道语言的变化主要表现在哪几个方面?在这几个方面里面哪一方面变化最大?

2. 通过本课的学习,试着分析一下自己的方言与普通话的差别。

3. 这些年,社会生活发生了很大变化,在我们的语言中出现了许多新的词语,写出来,大家进行交流。

古代的服装及其他①

吴　晗②

课文导读

本文是一篇漫谈式的事实说明文。作者以明白如话的语言介绍了中国古代服饰、建筑、交通等知识，旨在说明封建社会的阶级和等级差别。重点内容是古代服装，但又不全是服装方面，所以标题用了"古代的服装及其他"。

全文紧扣标题，主次分明，重点突出。按照由主到次、由果及因、由表及里的说明顺序。综合运用分类别、举例子、作比较等说明方法。本文语言很有特色，一方面作为社会科学的说明文，使用术语，力求准确；另一方面作为文化漫谈，多用口语，娓娓道来，体现出准确而通俗的语言特点。

在封建社会里，也和今天一样，人人都要穿衣裳。但是，有一点不同，衣裳的质料、颜色、花饰有极大讲究，不能随便穿，违反了制度，就会杀头，甚至一家子都得陪着死。原来那时候，衣裳也是表示阶级身份的。

以质料而论，绸、缎、绵、绣、绡、绮等等都是统治阶级专用的，平民百姓只能穿布衣。以此，布衣就成为平民百姓的代名词了，有些朝代还特地规定，做买卖的有钱人，即使买得起，也禁止着用这些材料。

以颜色而论，大红、鹅黄、紫、绿等染料国内产量少，得从南洋等地进口，价格很贵。数量少，价钱贵，色彩好看，这样，连色彩也被统治阶级专利了。皇帝穿黄袍，最高级的官员穿大红、大紫，以下的官员穿绿，皂隶穿黑。至于平民百姓，就只好穿白了，以此"白衣"也成为平民百姓的代名词。

至于花饰，在袍子上刺绣或者织成龙、凤、狮子、麒麟、蟒、仙鹤、各种各样的鸟等等，也是按贵族、官僚的地位和等级分别规定的。平民百姓连绣一条小虫儿、小鱼儿也不行，更不用说描龙画凤了。不但如此，在统治阶级内部，也有极大讲究，例如龙袍，只有皇帝才能穿，绣着凤的服装，只有皇后才配穿，即便是最大的官僚如果穿这样的服装，就犯"僭用③"、"大逆不道"的罪恶，非死不可。

北宋时有一个大官僚，很能办事，也得到皇帝信任。有一次多喝了一点酒，不检点穿件黄衣服，被人看见告发，几乎闯了大祸。

明太祖杀了很多功臣，其中有几个战功很大的，被处死的罪状之一是僭用龙凤

服饰。

本来,贵族、官僚和平民都一样长着眼睛鼻子,一样黄脸皮,黑头发,一眼看去,如何能分出贵贱来?唯一区别的办法是用衣裳的质料、色彩、花饰,构成等级地位的标识;特别是花饰,官员一般在官服的前胸绣上动物图案,文官用鸟,武官用兽,其中又按品级分别规定哪一级用什么鸟什么兽,是一点也不能含糊的。这样,不用看面貌,一看衣裳的颜色和花饰就知道是什么地位的贵族,什么等级的官员了。当然,衬配着衣裳的还有帽子、靴子,例如皇帝的平天冠,皇后和贵族妇女的凤冠,官员的纱帽、朝靴,以及身上佩带的紫金鱼袋或者帽上的翎毛,坐的车饰,轿子的装饰和抬轿的人数,和住的房子的高度,间数多少,用什么瓦之类等等。

在北京,许多旧建筑,主要是故宫,不是都盖的是黄琉璃瓦吗?这种房子只有皇帝才能住,再不,就是死去的皇帝,例如帝王庙。神佛也被优待,像北海的天王殿也用琉璃瓦,不过是杂色的。

为了确保专用的权利,历代史书上都有《舆服志》这一类的专门记录,在法律上也有专门的条款。

各个阶级的人们规定穿用不同的服装,住不同的房子,使用不同的交通工具,绝对不许乱用。遵守规定的叫合于礼制,反之就是犯法。合于礼制的意思,就是维护封建秩序。但是,也有例外,例如在统治阶级控制力量削弱的时候,富商大贾突破规定,乱穿衣裳,模仿宫廷和官僚家庭打扮,或者索性拿钱买官爵,穿着品官服装,招摇过市。至于农民起义战争爆发后,起义的人们根本不管这一套,爱穿什么就穿什么,那就更不用说了。

注释:

① 选自《吴晗全集》,第7卷杂文(1)之《灯下集》,中国人民大学出版社2009年版,有删减。

② 吴晗(1909—1969),字伯辰,浙江义乌人,中国著名历史学家、社会活动家、现代明史研究的开拓者和奠基者之一。曾任云南大学、西南联合大学、清华大学教授,中国科学院历史研究所学术委员,中国科学院哲学社会科学部学部委员,曾任北京市政协副主席、北京副市长等职务。著有《朱元璋传》、《读史札记》、《灯下集》、《三家村札记》、《历史的镜子》等,主编"中国历史小丛书"、"外国历史小丛书"。在"文革"期间因其所著新编历史剧《海瑞罢官》而被迫害至死。"文革"结束后,其冤案才得以平反昭雪。

③ 僭(jiàn)用:超越本分,冒用在上的名义或物品。

 思考与探究

1. 本文分别从哪几个方面来介绍古代的服饰？
2. 查找资料，了解一下中国不同朝代的服饰特点。
3. 请结合本专业着装要求，谈谈现代着装礼仪。

我国古代的几种建筑^①

郭黛姮②

课文导读

　　本文简要介绍了我国古代的几种建筑。这些建筑的制式有些彼此相近，如厅与堂、楼与阁、亭与轩，要说得清楚，确实不容易。作者抓住各种建筑功用、制式上的特征加以说明，给人以清晰而具体的印象：厅典雅端庄，堂严整瑰丽，楼体型不一，阁造型各异，亭形式多样，榭傍水而立，轩轻盈疏朗。

　　作者在说明每种建筑时，抓住建筑形式取决于功用这种内在联系，先说功用上的特征，再说建筑形式上的特征。文章又将制式相近的建筑安排在相邻的位置，有利于读者从比较中把握它们各自的特征。阅读时，可边读边摘录出各段文字中说明建筑特征的语句，再比较一下制式相近的建筑有哪些不同之处，看看每种建筑有什么特征。

　　我们祖国的建筑，具有久远的历史和独特的艺术传统。在长期的发展演变中，我国古代宅第和园林建筑，逐步形成了多种类型，它们各有特点，具有比较固定的制式。人们常常提到的有厅、堂、楼、阁、亭、榭、轩等。这里仅就这几种建筑作些简单的介绍。

　　厅在古典园林或宅第中，多具有小型公共建筑的性质，用来会客、宴请宾客、观赏花木，需要用较大的室内空间来满足接纳众多宾客的要求，因此，在建筑群中，厅的体量往往是最大的。门、窗等装修也是最考究的。厅的造型典雅端庄，前后多置花木、叠石，使人们在里面就能够欣赏园林景色。有些厅四面都开门窗，称为"四面厅"；有些厅由前后两幢长方形房屋并在一起，以增加进深、扩大室内空间，但两幢房屋的结构又常自成体系，称为"鸳鸯厅"。还有一些厅当中少用几根立柱，代之以自梁悬吊的木雕花篮，这就是江南园林或住宅中所特有的"花篮厅"。

　　堂常常是对居住建筑群中正房的称呼。它是长者居住的地方，也常作为举行

家庭重要庆典的场所。在离宫型园林中,供居住用的那一部分建筑也往往称为堂。如颐和园内光绪居住的四合院正房名为"玉澜堂",慈禧居住的四合院正房名为"乐寿堂"。一些文人、士大夫喜欢把自己宅第的正房叫做堂,如"世伦堂""秉礼堂""慎德堂"等等,以标榜其风雅和有德。堂多位于居住建筑群的中轴线上,体型严整,整修瑰丽,一般作两坡悬山、硬山屋顶,偶有用歇山顶的。室内往往用隔扇、屏门、落地罩、博古架、太师壁等分隔空间。

"重屋曰楼",这是古人常说的一句话。从古代建筑实例来看,这"重"字不限于两重,二层以上的就可称之为"楼"。楼有很广泛的用途,在宋画《清明上河图》中绘有作为商业建筑的茶楼酒肆;在明、清的住宅和园林中有作为卧室、书房和观赏风景的楼,如"见山楼""明瑟楼""听橹楼"等等。古代建筑中还有许多不同于前者的楼,如汉画像石所刻的大住宅旁的"望楼",北宋在汴梁城中所建监视火警用的"望火楼",古代城防工程中的敌楼、城楼,许多古城中的钟楼、鼓楼。它们虽然很高,但多数不是"重屋",下半部有的以木构架支撑,有的是夯土台③或城墙。楼的体型繁简不一,人们常见的钟楼、鼓楼、城楼是较简单的型式,历史上曾出现过体型非常复杂的楼,如宋画中的黄鹤楼。类似这样的建筑今天已不多见,仅山西省还幸存有明、清所建的万泉飞云楼和介休玄神楼,是极宝贵的遗构。

阁在古代往往是对收藏贵重文献的建筑的称呼。历代的寺院中常可见到"藏经阁"这样的名字;汉代陈建有藏书的"天禄阁""石渠阁";清代乾隆皇帝为收藏四库全书专门修建类似国家图书馆性质的"内廷四阁",即北京故宫的"文渊阁",沈阳的"文溯阁",圆明园的"文源阁",承德避暑山庄的"文津阁"。这四阁的建筑型式均仿宁波私人藏书的"天一阁",做成长方形平面,两坡硬山顶,二层楼,阁的正面满开门窗,其余三面都是实墙。

阁在园林中是作观赏风景用的建筑。例如苏州拙政园的"留听阁",命名用了"留得枯荷听雨声"这句诗的意思,表明建它是为了欣赏荷花。

在一些宗教建筑群中,供奉高大佛像的多层建筑也被称为阁,如辽代建筑的河北蓟县④独乐寺"观音阁",明代建筑的广西容县"真武阁",清代建筑的承德普宁寺"大乘阁"、颐和园⑤"佛香阁"等。它们的平面有长方形、凸字形、八角形,立面造型挺拔庄重,是中国多层木构建筑的代表,其中"大乘阁"在现存木构建筑中高度居第二位(39米多),"佛香阁"高度居第三位。

亭是我国园林中几乎不可缺少的建筑,无论公园、私园,大园、小园,古园、今园,都可找到亭子。在我国古典文学作品中,有许多名篇描写了亭子,至今脍炙人口。亭既是供游人在内停留小憩的得景建筑,又是供游人自外观赏的点景建筑。例如苏州拙政园⑥西部的"补园",本来是另一家的园子,园内小山上有一座"宜两亭",这个亭名据说寓意是"一亭宜作两家春"。登上这个亭子,就可以饱览两园春色。由于亭子是点景建筑,人们对它们的体型推敲得更为细致,总是力求完美。匠

师们依据它们所处的不同自然环境，常把它们的平面设计成三角、四面、六边、八边、扇面、圆形、梅花等不同的形式，供人们欣赏。

东汉末年刘熙著的分科词典《释名》中说："榭者，藉也；藉景而成者也。"这个解释点明了榭的含义。榭也属于园林中的得景建筑。它的突出特点是建在水边，往往从岸上延伸到水上。榭多是长方形或近于方形的单层建筑，结构轻巧，立面开敞，常用歇山屋顶。跨水部分由立在水中的石构梁柱支撑，临水的一面多不设门窗，而置带弓形靠背的坐凳栏杆，供人凭栏而坐。典型的实例如苏州拙政园的"芙蓉榭"，网师园的"濯缨水阁"，颐和园里谐趣园的"饮绿""洗秋"等都是。

轩是古典园林中观赏性的小建筑，也是起点景作用的，但在轩中往往陈放简单家具，供人们饮茶、下棋、鉴赏书画使用，这是和亭不同的地方。轩可以露在水边，也可以隐于半山，建筑布局较为自由，风格也多轻盈疏朗。网师园的"竹外一枝轩"和颐和园的"写秋轩"，代表了私家园林和皇家园林中轩的不同形式。

轩还是江南民间厅、堂等建筑中天花板装修的名称。这是一种以弧面向上凸起的天花板，表面显露出一条条假椽^②，可以在两排纵列的柱子间形成一个单元。一座厅内如在进深方向设五列柱子，则可出现四个单元，称为"四轩"。假椽弯曲的曲线形式不同，又有不同的名称，如弓形轩、菱角轩、鹤胫轩等。

上述几种建筑，从它们的用途与建筑形式看，有些是彼此相近的，例如厅与堂，楼与阁，亭与轩。因此有些园林建筑往往把名称搞混，如拙政园的主厅被称为"堂"，有些私人的藏书建筑，往往被称为藏书楼。也有些建筑则由于文人士大夫随意题名，把厅、堂类型的建筑称为轩、馆，如苏州留园的"五峰仙馆""林泉耆硕馆"，怡园的"藕香榭"，网师园的"小山丛桂轩"等，实际上都属厅一类的建筑。这种称呼往往使人们不易把握厅、堂、楼、阁的确切含义。

今天，对建筑的称呼，有的还保留着传统的含义，有的随着时代的变迁，含义已经发生了变化，如人民大会堂的"堂"就跟乐寿堂的"堂"大不相同了。

 注释：

① 本文选自《百科知识》杂志，原名《我国古代几种建筑名称简释》。

② 郭黛姮，清华大学建筑学院教授、博士生导师，著名古建筑专家。雷峰塔改建总设计师。国家一级注册建筑师，兼任中国建筑史学会理事、学术委员，中国紫禁城学会理事，师从中国建筑史学大师梁思成先生。

③ 夯(hāng)土台：用夯砸实过的土台。

④ 蓟(jì)县：县名，属河北省。

⑤ 颐(yí)和园：中国现存规模最大、保存最完整的皇家园林，中国四大名园之一，被誉为皇家园林博物馆。位于北京市海淀区，占地约290公顷。

⑥ 拙(zhuō)政园：江南园林的代表，苏州园林中面积最大的古典山水园林，中国四大名园之一。位于江苏省苏州市，今园辖地面积约83.5亩，开放面积约73亩。

⑦ 椽(chuán)：即椽子，放在檩上架着屋面板和瓦的木条。

 思考与探究

1. 列一个图表，总结课文介绍的七种建筑的功用及特点。

2. 语言准确是说明文语言的特点之一，你觉得本文的语言有哪些地方非常准确简练？这样写的好处是什么？

3. 从著名景点或身边的景点中，任选本文所介绍的7种建筑中的一种，抓住特点，运用恰当的方法进行介绍。

这个世界的音乐①

[美]刘易斯·托马斯②

课文导读

　　《这个世界的音乐》是一篇科普说明文，它不仅带着人们走进了神秘的大自然，感受到大自然的气息，而且还为人们解开了一个又一个的大自然奥秘。文章给人以积极的启迪和力量，引导人们热爱自然，尊重任何形式的生命。

　　本文共列举分析了二十多种动物发出的声音，来说明动物世界充满音乐，由于举例多，涉及各级各类动物，分析又具体，因而具有很强的说服力，令人信服。本文还运用拟人手法，语言生动形象，文笔幽默风趣，体现了科学小品科学性与文学性相结合的特点。

　　我们面临的问题之一，是随着我们拥挤地生活在一起，我们的通信系统越来越复杂，我们彼此发出的声音变得更像嘈杂声，是偶然的或无关紧要的，我们很难从这噪声里选择出有意义的信号来。当然，原因之一，是我们似乎不能把通信仅限于携带信息的、切题的信号。假如有任何新的技术来传播信息，我们好像一定会用它来进行大量的闲聊。我们之所以没有灭顶于废话之中，只是因为我们还有音乐。

　　使人聊以慰藉的是，听说较新的学科生物声学须得研究别的动物相互发出的声音中存在的类似问题。不管它们有什么样的发声装置，大多数动物都要发出大量含糊不清的嘟哝声。需要长期的耐性和观察，才能把那些缺乏句法和意义的部分加以剔除。为保持聚会进行而设计的那些无关紧要的社交谈话占了主导地位，大自然不喜欢长时间的沉寂。

　　然而总有一种持续不断的音乐潜在于所有其他信号之下。白蚁在蚁穴中黑暗的、发着回响的走廊里用头部敲击地面，彼此发出一种打击乐式的声音。据描述，这声音在人的耳朵听起来，像是沙粒落在纸上，但最近对这种声音的录音进行的摄谱学分析显示，在这敲打声中，有着高度的组织规律。这敲击声以有规律的、有节奏的、长度不同的短句出现，就像定音鼓部的谱号。

　　某些白蚁有时用上颚的颤动来发出一种很响的、高音的咔嗒声，10 米之外都能听见。费这么大的力气来制造这样一个音符，其中一定有紧急的意义，至少对发音者是这样。发出这样的大声，它必须猛力扭动身体，以至于让反冲力把它弹到两三厘米的空中。

　　企图赋予这种特别的声音以某种具体的意义，那显然是有风险的，整个生物声学领域都存在这类问题。不妨想象一下，一个头脑糊涂的外层空间来客，对人类发生兴趣，在月球表面上通过摄谱仪听到了那个高尔夫球的咔嗒声，而试图把它解释为发出警告的叫唤（不大可能）、求偶的信号（没那回事），或者解释为领土占有的宣言（这倒可能）。

　　蝙蝠必须几乎连续不停地发出声音，以便借助声呐来察知周围所有的物体。它们可以在飞行时准确地发现小昆虫，并像有导向装置一样准确无误地向喜欢的目标快速前进。有这种高超的系统来代替眼睛的扫视，它们必定是生活在一个常伴有工业声、机器声的蝙蝠的超声世界里。然而，它们也彼此交流，也发出咔嗒声和高调的问候。另外，有人还听见，它们在树林深处倒挂身体休息时，还发出一种奇异的、孤凄的、清脆如铃的可爱声音。

　　几乎所有可被动物用来发声的东西都被用上了。草原松鸡、兔子和老鼠用脚爪发出敲击声；啄木鸟和其他几种鸟类用头部梆梆地敲打；雄性的蛀木甲虫用腹部的突起敲击地面，发出一种急促的咔嗒声；有一种小甲虫叫做 Lepinotus inquilinus，身长不到两毫米，却也发出隐约可闻的咔嗒声；鱼类发声靠叩动牙齿、吹气或用特殊的肌肉来敲击定音用的、膨大的气囊；甲壳纲动物和昆虫用生有牙齿的头部位固体振动而发声；骷髅天蛾用吻作洞箫，吹奏出高调的管乐声。

　　猩猩拍打胸脯作某种交谈。骨骼松散的动物把骨节摇得咯咯作响。响尾蛇那样的动物则用外装结构发声。乌龟、短吻鳄和鳄鱼，甚至还有蛇，也能发出各种各样某种程度的喉音。有人听到水蛭有节奏地敲击叶子，以引起别的水蛭的注意，后者则同时敲击作答。连蚯蚓也能发出一组组微弱的、规则组合的断音符。蟾蜍互相对歌，朋友们则报以应答轮唱。

　　鸟类歌声中事务性通信的内容已有人作了那么多分析，以至于看起来它们没有多少时间从事音乐。但音乐还是有的。在警告、惊叫、求偶、宣布领地、征募新友、要求解散等词汇的背后，还有大量的、重复出现的美妙音乐，说这些是八小时以内的事务性语言是难以讲通的。我后院里的画眉低首唱着如思如慕、流水般婉转的歌曲，一遍又一遍，我强烈的感觉是，它这样做只是自得其乐。有些时候，它似乎像一个住在公寓里的专业歌手一样练唱。它开始唱一段急奏，唱到第二小节的中间部分戛然而止③，似乎那儿应该有一组复杂的和声。它重新从头再来，但还是不满意。有时它明显地改用另一套乐谱，似乎在即兴来几组变奏。这是一种沉思的、若询若诉的音乐。我不能相信它只是在说："画眉在这儿。"

　　歌鸲④能唱婉转的歌子,其中含有它可以随自己的喜爱重新安排的多样主题;每一个主题的音符构成句法,种种可能的变奏曲形成相当可观的节目单。北美的野云雀能熟练运用三百个音符,它把这些音符排成三到六个一组的乐句,谱出五十种类型的歌曲。夜莺会唱二十支基本的曲子,但通过改变乐句的内部结构和停顿,可以产生数不清的变化。苍头燕雀听其他的同类唱歌,能把听来的片断输入自己的记忆里。

　　人类普遍地表现出创作音乐和欣赏音乐的需要。我不能想象,甚至在我们最古老原始的时代,当一些天才画家在洞穴里作画之时,附近就没有一些同样具有创造才能的人在创作歌曲。唱歌像说话一样,乃是人类生物性活动的主导方面。

　　其他器乐演奏家,比如蟋蟀或蚯蚓,它们单独演奏时听起来或许不像音乐,但那是因为我们听的时候脱离了上下文。如果我们能一下子听到它们合奏,配上全套管弦乐器,那巨大的合唱队集合在一起,我们也许就会听出其中的对位音,音调和音色的平衡,还有和弦和各种亮度。录制的座头鲸歌曲,充满力度和肯定,模糊和暗示,不完整,可以将它当做一个声部,好像是管弦乐队的一个孤立的音部。假如我们有更好的听力,听得见海鸟的高音,听得见成群软体动物有节奏的定音鼓,甚至听得见萦绕于阳光中草地上空的蚊蚋之群飘渺的和声,那合成的音响大约会使我们飘然欲飞的。

　　当然还有其他方法来解释鲸鱼之歌。那些歌也许是有关航行,或有关蜉蝣节肢动物的来源,或有关领地界限的简单而实打实的叙述和声明。但迄今证据还没有得到。除非有一天有人证明,这些长长的、缭绕如卷的、执著的曲调,被不同的歌唱者重复着,又加上了它们各自的修饰,这不过是为了向海面下数百英里之外传递像“鲸鱼在这儿”之类寻常的信息。否则,我就只能相信,这些曲调是真正的音乐。不止一次,有人看到鲸鱼在歌唱的间歇,完全跃出水面,然后以背着水,全身沉浸于阔鳍击出的波涛之中。也许它们是为刚才的一支歌如此成功而喜悦,也许是为环球巡游归来之后,又听到了自己的歌而庆贺。不管怎样,那样子就是在欢腾。

　　我想,造访我的外星客人听到我的唱片放第一遍时,会同样地迷惑不解。在他听来,第十四号四重奏也许是发布某种讯息,意思是宣布“贝多芬在此”,而经过时间的流逝,湮没⑤于人类思想的洋流中之后,过了一百年,又有一个长长的信号回应它,“巴尔扎克在此”。

　　假如像我所相信的那样,制造某种音乐的驱力如同我们其他的基本生物功能一样,也是我们作为生物的特点,那么其中必有某种道理。既然手边没有现成的解释,那我自可冒昧做出一个。那有节奏的声音,也许是另外什么事的重现——是一种最古老的记忆,是一支舞曲总谱,记载了混沌中杂乱无章的无生命的物质转化成违反几率的、有条有理的生命形式的过程。莫罗维茨(Morowitz,H. J.)以热力学的语言提出见解,他的假说是,从无穷尽的太阳那里,不断地流向外层空间这个填不满的窟窿的能量途经地球时,从数学上来看,不可避免地要使物质组织成越来越有序的状态。由此产生的平衡行为是带化学键的原子不停地组成越来越复杂的分子,同时出现了贮存和释放能量的循环。太阳能处在一种非平衡的稳定状态(假定如此),不会仅仅流到地球,然后由地球辐射开去。从热力学上讲,它势必要把物质重新安排成对称形式,使之违反几率,反抗熵⑥的增加,使之提高——姑且这样说吧——成为在不断重排和进行分子修饰的变化状态。在这样一种系统中,结果就会出现一种偶然的有序状态,永远处在陷入混沌的边缘,只是因为来自太阳的那不懈的、不断的能量潮流,才使这种有序状态没有解体,而继续违反着几率。

如果需有声音来代表这一过程,对我的耳朵来说,它会像《勃兰登堡协奏曲》(巴赫)的排列。但我不免纳闷,那昆虫的节奏,鸟鸣中那长段的、上下起伏的急奏,鲸鱼之歌,迁飞的百万头的蝗群那变调的振动,还有猩猩的胸脯、白蚁的头、石首鱼的鳔发出的定音鼓的节奏,是否会让人回想起同样的过程。奇怪得很,"grand canonical ensemble"(宏正则系综)这个音乐术语,通过数学被热力学借来,会成为热力学中计量模型系统的专门术语。再借回来,加上音符,它就可以说明我所想的是什么。

注释:

① 本文选自《细胞生命的礼赞》。

② 托马斯·刘易斯(1913—1994),美国医学家、生物学家、科普作家、美国科学院院士。1974年出版随笔集《细胞生命的礼赞》,获该年度美国图书奖,至今畅销不衰。这本书是一位医学家、生物学家关于生命、人生、社会乃至宇宙的思考。思想博大深邃,信息庞杂新奇,文笔生动幽默,是当代科学小品文中的大家手笔。

③ 戛(jiá)然而止:形容声音突然中止。

④ 歌鸲(qú):鸟类的一属,身体小,尾巴长,羽毛美丽,嘴短而尖。

⑤ 湮(yān)没:埋没。

⑥ 熵(shāng):在热力体系中,不能利用来做功的热能可以用热能的变化量除以温度所得的商来表示,这个商叫作熵。

思考与探究

1. 对文章的标题"这个世界的音乐"怎样理解?

2. 依据作者的观点,人类作为地球生物,创作音乐的原因是什么?

3. 在生活中,你一定接触过许多动物,静下心来,试着仔细观察,倾听来自它们的"音乐",用自己的语言将其描述出来,并与同学们交流各自的感受。

名扬四海①

——有雅有俗的佳肴美名

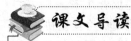

  本文运用分类说明、举例说明等多种多样的说明方法，介绍了中国菜肴命名的方法和遵循的原则，展示了中华饮食文化。作者在介绍各式菜名时随手拈来，或引经据典，或侃侃而谈，语言雅致流畅，读之如春风扑面，把中国菜肴命名当中所蕴含的中华饮食文化的无穷魅力表现得淋漓尽致。

  中华民族饮食文化源远流长，菜可品，名亦可品。无名之菜，无名之宴，在中国几乎是找不到的。"霸王别姬"、"芙蓉鸡片"、"东坡肉"、"宫爆鸡丁"，中国菜有雅有俗的佳肴美名将中国的饮食文化的无穷魅力展现得淋漓尽致。

  大体上来说，中国的菜名有质朴之实与典雅之虚之分。学者唐振常在《说菜名》一文中以"鲃肺汤"和"一行白鹭上青天"两个菜名为例，说道："这两个名字，代表了中国菜肴取名的两种旨趣，两种办法，一言其实，一取其虚，大概可以作为中国菜命名的概括。"

  从质朴来说，大量菜肴的名称，几乎都是直接从烹饪工艺中的原料、味型、形状、色彩、技法着手，朴素中略带点缀，简单明了，使人一目了然。以原料命名的如西湖醋鱼、人参鸡、陈皮牛肉等；以味型命名的如鱼香肉丝、五香鸡、十香菜等；以形状命名的如太极芋泥、菜汁双丝卷、宫爆鸡丁等；以色彩命名的如金玉羹、五彩鱼丝、七彩杂锦煲等；以技法命名的有红烧鲤鱼、南煎丸子、白扒鱼翅等。还有大量以数字、时令、气象命名的菜肴美名，也都带有质朴之美。如一品豆腐、九转大肠、百鸟朝凤等。

  中国菜名通过比喻、典故、寄意、抒怀等方式展示出来的典雅之美更是具有无穷的魅力，美在名中，意在味中。凤凰鸡翅、四龙相会、蟠龙大鸭等以龙凤喻鸡等动物；凡味、色、料成双的皆可以"鸳鸯"称呼，鸳鸯锅贴、鸳鸯蛋卷等；味美之物还可以比喻成神仙鸭、神仙蛋、醉八仙、通神饼、一品罗汉菜等。这些比喻菜名无不奇巧佳美，充满了想象力。

  以典故给菜肴命名更是传统菜肴常常使用的命名方法。一个菜名就是一个历史典故，中国的文化品位融入菜之美味，食客品之，则别有一番风味。东坡肉、霸王

别姬、贵妃鸡、西施玩月、护国菜等佳肴美名,因历史上的名人苏轼、项羽、杨玉环、西施、末代宋帝等而得名,品其菜而思其人,历史、文化、美味全在菜中了,实在快哉美哉。

有些菜名加以夸张和想象,在御膳和隆重的宴席上最为常见。这些菜名总是有些华贵的雅致,如凤凰卧雪、宫门献鱼、孔雀开屏、蛟龙献珍等。而三元鱼脆、四喜汤圆、五福鱼圆、如意蛋卷等菜名则满含着吉祥祝愿的典雅。

除此之外,艺术性的佳肴美名也屡屡见于中国菜谱文化之中。这些菜名可依托名胜命名,也可借助诗文成语命名。那藻丽的词名,使菜名极富诗情画意。比如柳浪闻莺、掌上明珠、推纱望月、阳关三叠、乌云托月。

菜肴的命名要遵循一定的原则的,不能妄自为之。首先,菜肴的命名要力求通俗易懂,不可高深莫测。唐振常先生也提到了这一点:"倒是富贵庸俗而又莫名其妙之名,往往占据了菜单,越是大饭馆,这类菜名越多。诸如'一品当朝'、'带子上朝'、'百鸟朝凤'、'孔雀迎春'、'松鹤延年'、'喜翠登梅'、'红翠白玉'等,庸俗之味十足,除了带子可以知道是新鲜干贝,其余都不知究竟是什么。"虽说是唐先生的一己之见,但是也不无道理。

中国有雅有俗的佳肴美名使得人们在品尝美味佳肴的同时,也品尝了菜名的文化美味,菜名真可谓饮食文化中独具特色的一道风景线。

注释:

① 本文选自《舌尖上的中国——中华美食的前世今生》的第五章《口腹之欲中的人文情怀》,选入教材时有删减。

思考与探究

1. 根据课文内容,归纳中国菜肴的命名风格。

2. 中国的菜肴不仅名字有内涵,还有动人的典故,请查找资料,讲一讲名菜背后的故事。

3. 尝试"佳肴配美文",选取一首或一句中国古典诗词,根据它所呈现出来的意境进行意境菜的设计。

生活·语文

泡茶四要素①

课文导读

> 本文是一篇讲如何泡茶的说明文。在写作时，作者抓住泡茶的"四要素"：茶叶用量、泡茶的水温、泡茶的水质、冲泡的时间和次数展开说明。思路清晰，条理分明。大量采用举例、数字等较为平实的说明方法，语言朴实、严谨。同时，引用古代泡茶典籍资料，使得文章内涵丰富。

泡茶并不难，难的是泡出好茶来。不同品种的茶叶，冲泡方法也不同，但一些基本要素是相同的，就是要注意茶叶的用量、泡茶的水温、泡茶的水质以及泡茶的时间和次数，即所谓的泡茶"四要素"。掌握了这"四要素"，就基本上掌握了泡茶的方法。

首先，要确定茶叶用量，具体用多少茶叶，要根据实际情况而定。茶叶用量要根据消费者习惯而定。如中国华北和东北地区人们冲泡花茶时，喜欢喝淡茶，因此茶叶用量较少，而且往往用大茶壶冲泡；长江中下游地区人们主要饮用名优茶，如龙井、毛峰等，每次用量也较小，常用小瓷杯或小玻璃杯冲泡；福建、广东、台湾等地，功夫茶颇为流行，茶具虽小，但用茶量不少；中国西北地区，如西藏、新疆、青海、内蒙古等，蔬菜比较缺乏，当地人以肉食为主，一般喜欢喝浓茶，故用茶量较大。

茶叶用量还要根据茶叶种类而定。根据经验，如果是乌龙茶，每次用的茶叶几乎是茶壶容积的一半，甚至更多，所以功夫茶一般是浓茶；假如用茶杯冲泡，红茶与水的比例一般为 1：50 或 1：60，即每 150～200 毫升的开水可以冲泡 3 克左右的干茶，绿茶的茶叶用量和红茶基本相同；如果是普洱茶，则每 150～200 毫升的开水可以冲泡 5～10 克的干茶。

其次，是泡茶的水温，主要根据茶叶品种而定。总的原则是：老茶叶高温水，嫩茶叶低温水。因为一般来说，泡茶水温与茶叶中的有效成分在水中的溶解度呈正比例关系，即水温越高，有效成分溶解越多，茶汤就越浓；水温越低，有效成分溶解越少，茶汤就越淡。如乌龙茶、普洱茶和花茶，由于这些茶叶冲泡时用量较多，而且

叶片一般较老,茶叶中有效成分难以浸出,必须以100℃的沸水冲泡,才能喝出茶味来。各种红茶和中低档绿茶,也要用100℃的沸水冲泡,如果温度不够高,茶汤的滋味会过于单薄。中国大部分少数民族饮用砖茶,砖茶一般用黑茶制作而成,叶片较老,需要放在锅中熬煮,才能使茶叶成分溶解,如果气压较低,还需要用高压锅熬煮。

高级绿茶以及其他名茶,芽叶一般比较细嫩,不能用100℃的沸水冲泡,因为过高温度会把茶叶"烫熟",还会破坏茶叶中大量的维生素C,而且容易浸出茶叶中的咖啡碱,导致茶汤苦涩,同时茶汤颜色容易变黄。这类茶叶的冲泡,一般以80℃左右的温水为宜。温水泡出的茶汤嫩绿明亮,滋味鲜爽,同时还保留了茶叶原有的维生素C。总的来说,茶叶越嫩、越绿,冲泡水温就越低。

再次,注重泡茶的水质。古代茶人认为水为茶之母,好茶尚需好水冲。著名的"杭州双绝"——"龙井茶,虎跑水",世人皆知的"扬子江心水,蒙山顶上茶",就是最好的证明。张源在《茶录》中说:"茶者,水之神;水者,茶之体。非真水莫显其神,非精茶曷窥其体。"这话说明了在茶与水的结合体中,有时水比茶叶更重要,因为水是茶色、香、味的载体。张大复在《梅花草堂笔谈》中也说:"茶性必发于水,八分之茶,遇十分之水,茶亦十分矣;八分之水,试十分之茶,茶只八分耳。"由此可见,泡茶水质的好坏,直接影响到茶色、香、味的优劣。

只有符合"源、活、甘、清、轻"五个标准的水才算得上是好水。所谓的"源"是指水出自何处,"活"是指有源头而常流动的水,"甘"是指水略有甘味,"清"是指水质洁净透澈,"轻"是指分量轻。

泡茶常用的六种水:

山泉水大多出自岩石重叠的山峦。从山岩断层细流汇集而成的山泉,富含二氧化碳和各种对人体有益的微量元素;而经过砂石过滤的泉水,水质清净晶莹,含氯、铁等化合物极少,用这种泉水泡茶,能使茶的色、香、味、形得到最大限度发挥。但也并非山泉水都可以用来沏茶,如硫黄矿泉水是不能沏茶的。另外,山泉水也不是随处可得,因此,对多数茶客而言,只能视条件和可能去选择宜茶水品了。

江、河、湖水属地表水,含杂质较多,混浊度较高,一般说来,沏茶难以取得较好的效果,但在远离人烟、植被生长繁茂之地,污染物较少,这样的江、河、湖水仍不失为沏茶好水。如浙江桐庐的富春江水、淳安的千岛湖水、绍兴的鉴湖水就是例证。唐代陆羽在《茶经》中说:"其江水,取去人远者。"说的就是这个意思。

雪水和雨水古人称之为"天泉",尤其是雪水,更为古人所推崇。唐代白居易的"扫雪煎香茗",宋代辛弃疾的"细写茶经煮茶雪",清代曹雪芹的"扫将新雪及时烹",都是赞美用雪水沏茶的。至于雨水,一般说来,因时而异;秋雨,天高气爽,空中灰尘少,水味"清冽",是雨水中上品;梅雨,天气沉闷,阴雨绵绵,水味"甘滑",较

为逊色;夏雨,雷雨阵阵,飞沙走石,水味"走样",水质不净。但无论是雪水或雨水,只要空气不被污染,与江、河、湖水相比,总是相对洁净,是沏茶的好水。可惜,近代不少地区,特别是工业区,由于受到工业烟灰、气味的污染,使雪水和天落水也变了质,走了样,不能用来泡茶了。

井水属地下水,悬浮物含量少,透明度较高。但它又多为浅层地下水,特别是城市井水,易受周围环境污染,用来沏茶,有损茶味。所以,若能汲得活水井的水沏茶,同样也能泡得一杯好茶。

自来水含有用来消毒的氯气等,在水管中滞留较久的,还含有较多的铁质。当水中的铁离子含量超过万分之五时,会使茶汤呈褐色,而氯化物与茶中的多酚类作用,又会使茶汤表面形成一层"锈油",喝起来有苦涩味。所以用自来水沏茶,最好用无污染的容器,先贮存一天,待氯气散发后再煮沸沏茶,或者采用净水器将水净化,这样就可成为较好的沏茶用水。

纯净水,水的酸碱度基本为中性。用这种水泡茶,不仅净度好、透明度高,沏出的茶汤晶莹透澈,而且香气滋味纯正,无异杂味,鲜醇爽口。

接着,要谈一谈茶叶冲泡的时间。茶叶冲泡时间和茶叶种类、茶叶用量、水温高低有密切关系。一般说来绿茶、花茶、黄茶、白茶每泡冲泡 1 至 3 分钟,红茶每泡冲泡 30 秒至 1 分钟,青茶根据叶片的大小、老嫩每泡冲泡 45 秒至 1 分钟不等,黑茶每泡冲泡 30 秒至 1 分钟不等。

最后说说茶叶冲泡次数。其中红茶、乌龙茶、黑茶都把第一泡倒掉,从第二泡起才算真正的品味。绿茶、红茶、花茶、黄茶、白茶一般只喝二三泡,每次茶汤剩余三分之一时即应续水;乌龙茶、普洱茶可冲泡六七次,甚至更多;经特殊处理的粉末状茶和速溶茶一般只泡一次。

 注释:

① 改编自互联网《泡茶百科》。

 思考与探究

1. 通过阅读本文,你了解了关于泡茶的哪些方面的知识?

2. 你知道喝茶对人们有哪些好处吗?

3. 如何泡茶只是茶文化的一小部分,请查找资料,交流有关茶文化的其他知识。

 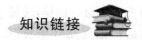

定向阅读与筛选信息

网络时代是一个信息大爆炸的时代,翻开书本、打开手机和网络,五花八门、形形色色的各种信息扑面而来。众多信息让人们的沟通越来越快捷、越来越通畅。可任何事物都是一把双刃剑,网络在给人们带来方便的同时,也泥沙俱下,挟带了许多无用信息、垃圾信息,甚至有害信息。所以,作为一个现代人,既要有一双火眼金睛,能辨别真伪;又要眼明手快,能准确快捷地筛选个人需要的信息。定向阅读就是一种准确、全面、快捷地获取信息的阅读方法。

所谓定向阅读,就是根据既定的目标,采用检索、浏览、跳读、速读等方式,对文章中的相关部分进行有针对性的阅读。一般来说,定向阅读分四个步骤进行。

第一步,确定阅读方向。确定阅读方向就是要确定查找的目标信息,明确筛选信息的目的。比如阅读《我国古代的几种建筑》这篇课文,如果想全面了解我国古代建筑的所有代表类型,那就要展读全文,把握要点,获得全文完整的信息框架:分别介绍了厅、堂、楼、阁、亭、榭、轩7种建筑的功用及特征。如果只是侧重于了解楼或亭的功用和特征,那就只需要截取与楼或亭有关的内容进行阅读即可。

第二步,找准阅读区间。根据阅读方向,找准所对应的文章的大致范围。比如《中国古代服装及其他》一文,如果要了解中国古代服装在质料、颜色、花饰等方面的讲究,那就要阅读文章第二段至第六段的内容;如果只是想知道不同的颜色的不同意义的话,那只需要阅读文章第三段即可。

第三步,根据目标全面地筛选阅读区间内的信息。即对搜集到的资料,要全面占有,不遗漏有价值的信息。比如《语言的演变》一文,要搜集有关语汇方面变化的信息,那就要把涉及词汇方面变化的所有要点找出来:有些字消失了、新字的出现、外来事物带来了外来词语、许多字眼的意义也起了变化。而"许多字眼的意义也起了变化"这一要点下面又包括以下几个要点:名称不变而实质已变,有一些字眼的意义变化或者事物的名称改变跟人们的生活不一定有多大关系,词义也可以转移,词义也会弱化,单音词现代都多音化,一个单音词换了另外一个单音词,字眼的变换有时候是由于忌讳。只有这样,才能够把相关信息全面筛选出来。

第四步,细致地辨析信息。即对所搜集的信息进行辨析,分清主次,挖掘信息背后的含义,以更恰当地使用信息。例如《这个世界的音乐》一文,我们在搜集比较说明的相关信息时,可以发现人类和动物音乐的比较,几乎贯穿于全文,说明动物和人类一样,有着超功利的音乐。而这一点正是本文作者要倡导的重要思想:音

乐面前，众生平等，所以人类要学会尊重自然、尊重自然界所有的生命。这样，通过对信息的辨别、分析，得到更深刻、更丰富的启示，使筛选的信息更充分地发挥作用。

采用定向阅读的方法，运用以上四个步骤，培养筛选信息的能力，对于网络时代、信息时代的人们的学习和工作具有重要意义。

走进中国传统节日

中国的传统节日内容丰富、形式多样、源远流长。它们精彩浪漫,雅俗共赏,具有强烈的凝聚力和广泛的包容性,是中华民族宝贵的文化遗产之一。今天就让我们走进中国传统节日,去探索,去发现,去传承。

活动目的

1. 通过本次活动,让学生了解我国的传统节日,如春节、元宵、清明、端午、七夕、中秋、重阳等的起源、习俗、节日文学等相关知识,让学生感受祖国悠久的传统文化,增强民族自豪感和自信心,激发爱国热情。

2. 围绕我国传统节日这一主题开展实践活动,培养学生运用多种方法全面收集信息和准确、快速筛选信息的能力,提高学生的语言表达能力和写作能力,提升学生与他人合作交流的能力。

一、活动步骤

1. 采用分组学习的形式,每组选择一个节日,通过上网搜索、查阅典籍、采访询问等方法搜集有关节日的资料。

2. 按照节日起源、节日习俗、节日文学几个方面筛选、整理搜集到的资料,制作成课件或音像资料。

二、活动展示形式

1. 节日文化猜猜猜:讲传说猜节日、讲习俗猜节日、读诗文猜节日。

2. 节日文化大展播:分组展示所选节日信息,谈一谈对这个节日的认识。

3. 节日作文写一写:每位同学根据所了解到的传统节日资料,写一篇反映节

日某一方面的作文,注意资料选用准确、恰当,文体不限。

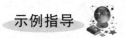
示例指导

七 夕 节

1. 传说

在我国,农历七月初七的夜晚,就是人们俗称的七夕节,也有人称之为"乞巧节"或"女儿节"。这是中国传统节日中最具浪漫色彩的一个节日,也是过去姑娘们最为重视的日子。七夕节和牛郎织女的传说相连,这是一个美丽的、千古流传的爱情故事,成为我国四大民间爱情传说之一。

2. 习俗

织女是一个美丽、聪明、心灵手巧的仙女,凡间的妇女便在七夕这一天晚上向她乞求智慧和巧艺,也少不了向她求赐美满姻缘,所以七月初七也被称为乞巧节。

七夕坐看牵牛织女星,是民间的习俗。相传,在每年的这个夜晚,是天上织女与牛郎在鹊桥相会之时,人们在瓜果架下可偷听到两人在天上相会时的脉脉情话。

3. 节日文学

迢迢牵牛星

迢迢牵牛星,皎皎河汉女。
纤纤擢素手,札札弄机杼。
终日不成章,泣涕零如雨。
河汉清且浅,相去复几许。
盈盈一水间,脉脉不得语。

鹊 桥 仙

秦 观

纤云弄巧,飞星传恨,银汉迢迢暗度。金风玉露一相逢,便胜却人间无数。柔情似水,佳期如梦,忍顾鹊桥归路?两情若是久长时,又岂在朝朝暮暮。

语文综合实践活动学习小组评价表

评价项目	评价内容	评价结果		
		优秀	良好	待努力
学习态度	对学习始终抱有极大热情,认真对待,积极参与			
学习方法	找到适合的方法,能与其他小组交换、共享信息,善于请教			
组织合作	分工明确、合理,配合默契			
工作能力	信息筛选、整理、加工			
	多媒体制作			
	成果展示			
	创新			
	沟通协调			
学习反思	最大的收获是什么?活动中有遗憾吗?谈谈此次学习活动的感受吧!			

单元学习小档案

序号	项　目	内　容	备　注
1	单元作家谈		
2	单元新字词		
3	成语巧积累		
4	单元找佳句		
5	佳句我来写		
6	单元我最爱		
7	巧用网络搜		
8	单元练习我来出		
9	单元学习小疑问		
10	单元学习来拾趣		
11	意外小收获		
12	学习小建议		
注	1. 佳句我来写：对你所选出的单元佳句进行仿写，创造属于自己的佳句。 2. 单元我最爱：单元学习结束后，选出一篇你最喜欢的文章。 3. 巧用网络搜：查找一篇你喜欢的，并与本单元体裁相同的文章，可以小组内或全班分享。 4. 单元练习我来出：结合本单元的学习内容，为自己出一个单元过关测试题。 5. 单元学习来拾趣：谈谈自己在本单元学习中遇到了哪些有趣的事。		

单元四　小　　说

单元导语

情节布局

　　小说的主题思想需要在情节的发展过程中展现出来,要准确地理解作品的主题,必须理清作品的情节。分析情节,要善于把握故事发生的开端、发展、高潮、结局这四个环节,并能概括各部分的要义,为提炼主题思想做准备。同时,我们还须从情节的发展中把握人物形象,因为情节是人物性格形成和发展的历史,在事件发展的过程中,才能显现出人物灵魂深处的东西来,离开了情节,就不知道人物怎样活动,也就无法分析人物性格特征。要了解人物性格,必须透过情节中发生的事情这种外在现象,去剖析现象背后的本质。

　　要分析情节,就要抓线索,情节的发展离不开线索的贯穿。文章可以以事物为线索,也可以以感情或心理活动为线索。如莫泊桑的《项链》就是以"借项链、丢项链、赔项链、发现假项链"为线索,抓住了这些,文章的情节和思路就得到了整体把握。

　　第一册的小说选材为了照顾学生的学情特点,在文章的选取上,内容不难。通过对课文的学习,让学生感受情节的出奇制胜和曲折迂回,体悟思维的灵动与活跃。在专题设计上,进一步激发和放开学生的思维,让学生的智慧闪光,要求学生重新设计和续写小说情节,创作属于自己的作品。

群英会蒋干中计①

（明）罗贯中

《三国演义》讲述的是汉末三国时期发生在中国大地上惊心动魄的历史故事。它以三国时期的历史为背景，描述了自东汉灵帝刘宏中平元年（公元 184 年）到西晋武帝太康元年（公元 280 年）近一百年间魏、蜀、吴三国之间政治、军事以及外交等方面的斗争故事。

全书在纵向结构上以时间为序，在横向结构上以曹操、刘备、诸葛亮等主要人物为中心，把并列的魏、蜀、吴三个系列交错起来叙述。就作品本身的故事发展而言，全书一百二十回按纵向结构可分为七部分。

本文节选了赤壁之战故事的主要内容：赤壁之战前，蒋干自告奋勇，充当曹操说客，企图劝说周瑜投降。而当时，周瑜正担心新降曹操的蔡瑁和张允帮助曹操训练水军，于是将计就计，摆下"群英会"接待蒋干，并佯醉与蒋干同床酣睡，诱导蒋干盗走事先伪造的张、蔡二人的"投降书"。急于立功的蒋干和生性多疑的曹操果然中计，蔡瑁和张允被杀，周瑜反间计大获成功。

选文情节相对完整，有开端、发展、高潮和结局，在情节发展过程中刻画人物形象。周瑜定计、用计，蒋干中计，曹操也一时上了当，三个人物的不同性格特征都在矛盾冲突中得到栩栩如生的表现。

却说周瑜回至寨②中……忽报曹操遣使送书至，瑜唤入。使者呈上书看时，封面上判云③："汉大丞相付周都督开拆"。瑜大怒，更不开看，将书扯碎，掷于地上，喝斩来使。肃曰："两国相争，不斩来使。"瑜曰："斩使以示威！"遂斩使者，将首级付从人持回。随令甘宁④为先锋，韩当为左翼，蒋钦为右翼，瑜自部领⑤诸将接应。来日四更造饭，五更开船，鸣鼓呐喊而进。

却说曹操知周瑜毁书斩使，大怒，便唤蔡瑁、张允⑥等一班荆州降将为前部，操自为后军，催督战船，到三江口⑦。早见东吴船只，蔽江⑧而来。为首一员大将，坐在船头上大呼曰："吾乃甘宁也！谁敢来与我决战？"蔡瑁令弟蔡壎前进。两船将近,甘宁拈弓搭箭,望蔡瑁射来,应弦而倒⑨。宁驱船大进,万弩齐发。曹军不能抵当。右边蒋钦,左边韩当,直冲入曹军队中。曹军大半是青、徐⑩之兵,素不习水战,大江面上,战船一摆,早立脚不住。甘宁等三路战船,纵横水面,周瑜又催船助战。曹军中箭着炮者,不计其数。从巳时⑪直杀到未时⑫。周瑜虽得利,只恐寡不敌众,遂下令鸣金⑬,收住船只。曹军败回。操登旱寨,再整军士,唤蔡瑁、张允责之曰:"东吴兵少,反为所败,是汝等不用心耳!"蔡瑁曰:"荆州水军,久不操练,青、徐之军,又素不习水战,故尔致败。今当先立水寨,令青、徐军在中,荆州军在外,每日教习精熟,方可用之。"操曰:"汝既为水军都督,可以便宜从事⑭,何必禀我!"于是张、蔡二人自去训练水军。沿江一带分二十四座水门⑮,以大船居于外为城郭,小船居于内,可通往来。至晚点上灯火,照得天心水面通红。旱寨三百余里,烟火不绝。

却说周瑜得胜回寨,犒赏三军,一面差人到吴侯⑯处报捷。当夜,瑜登高观望,只见西边火光接天。左右告曰:"此皆北军灯火之光也。"瑜亦心惊。次日,瑜欲亲往探看曹军水寨,乃命收拾楼船一只,带着鼓乐,随行健将数员,各带强弓硬弩,一齐上船迤逦前进。至操寨边,瑜命下了矴石,楼船上鼓乐齐奏。瑜暗窥他水寨,大惊曰:"此深得水军之妙也!"问:"水军都督是谁?"左右曰:"蔡瑁、张允。"瑜思曰:"二人久居江东⑰,谙习⑱水战,吾必设计先除此二人,然后可以破曹。"正窥看间,早有曹军飞报曹操说:"周瑜偷看吾寨。"操命纵船擒捉。瑜见水寨中旗号动,急叫收起矴石,两边四下一齐轮转橹棹,望江面上如飞而去。比及曹寨中船出时,周瑜的楼船已离了十数里远,追之不及,回报曹操。

操问众将曰:"昨日输了一阵,挫动⑲锐气,今又被他深窥吾寨,吾当作何计破之?"言未毕,忽帐下一人出曰:"某自幼与周郎同窗交契⑳,愿凭三寸不烂之舌,往江东说此人来降。"曹操大喜,视之,乃九江人,姓蒋,名干,字子翼,见㉑为帐下幕宾㉒。操问曰:"子翼与周公瑾相厚乎?"干曰:"丞相放心,干到江左㉓,必要成功。"操问:"要将何物去?"干曰:"只消一童随往,二仆驾舟,其余不用。"操甚喜,置酒与蒋干送行。干葛㉔巾布袍,驾一只小舟,径到周瑜寨中,命传报:"故人蒋干相访。"周瑜正在帐中议事,闻干至,笑谓诸将曰:"说客至矣。"遂与众将附耳低言,如此如此。众将应命而去。

瑜整衣冠,引从者数百,皆锦衣花帽,前后簇拥而出。蒋干引一青衣小童,昂然而来。瑜拜迎之。干曰:"公瑾别来无恙?"瑜曰:"子翼良苦。远涉江湖,为曹氏作说客耶?"干愕然曰:"吾久别足下,特来叙旧,奈何疑我作说客也?"瑜笑曰:"吾虽不及师旷之聪㉕,闻弦歌而知雅意㉖。"干曰:"足下待故人如此,便请告退!"瑜笑而挽其臂曰:"吾但恐兄为曹氏作说客耳。既无此心,何速去也?"遂同入帐。叙礼㉗毕,坐定,即传令悉召江左英杰与子翼相见。

须臾,文官武将,各穿锦衣,帐下偏裨将校,都披银铠,分两行而入。瑜都教相见毕,就列于两傍而坐。大张筵席,奏军中得胜之乐,轮换行酒㉘。瑜告众官曰:

"此吾同窗契友也，虽从江北到此，却不是曹家说客，公等勿疑。"遂解佩剑付太史慈①曰："公可佩我剑作监酒。今日宴饮，但叙朋友交情。如有提起曹操与东吴军旅之事者，即斩之。"太史慈应诺，按剑②坐于席上。蒋干惊愕，不敢多言。周瑜曰："吾自领军以来，滴酒不饮。今日见了故人，又无疑忌，当饮一醉。"说罢，大笑畅饮。座上觥筹交错③。饮至半酣，瑜携干手，同步出帐外。左右军士，皆全装贯带④，持戈执戟而立。瑜曰："吾之军士，颇雄壮否？"干曰："真熊虎之士也！"瑜又引干到帐后一望，粮草堆如山积。瑜曰："吾之粮草，颇足备否？"干曰："兵精粮足，名不虚传！"瑜佯醉大笑曰："想周瑜与子翼同学业时，不曾望有今日！"干曰："以吾兄高才，实不为过！"瑜执干手曰："大丈夫处世，遇知己之主，外托君臣之义，内结骨肉之恩⑤，言必行，计必从，祸福共之。假使苏秦、张仪、陆贾、郦生⑥复出，口似悬河，舌如利刃，安能动我心哉？"言罢大笑。蒋干面如土色。瑜复携干入帐，会诸将再饮，因指诸将曰："此皆江东之英杰。今日此会，可名'群英会'。"饮至天晚，点上灯烛，瑜自起舞剑作歌。歌曰：

丈夫处世兮立功名，立功名兮慰平生。慰平生兮吾将醉，吾将醉兮发狂吟⑦！

歌罢，满座欢笑。至夜深，干辞曰："不胜酒力矣。"瑜命撤席，诸将辞出。瑜曰："久不与子翼同榻，今宵抵足而眠。"于是佯作大醉之状，携干入帐共寝。瑜和衣卧倒，呕吐狼藉。蒋干如何睡得着？伏枕听时，军中鼓打二更。起视，残灯尚明。看周瑜时，鼻息如雷。干见帐内桌上，堆着一卷文书，乃起床偷视之，却都是往来书信。内有一封，上写"蔡瑁张允谨封"。干大惊，暗读之。书略曰：

某等降曹，非图仕禄，迫于势耳。今已赚⑧北军困于寨中，但得其便，即将操贼之首，献于麾下。早晚人到，便有关报⑨。幸勿见疑！先此敬复。

干思曰："原来蔡瑁、张允结连东吴！……"遂将书暗藏于衣内。再欲检看他书时，床上周瑜翻身，干急灭灯就寝。瑜口内含糊曰："子翼，我数日之内，教你看操贼之首！"干勉强应之。瑜又曰："子翼，且住！……教你看操贼之首！……"及干问之，瑜又睡着。干伏于床上，将近四更，只听得有人入帐，唤曰："都督醒否？"周瑜梦中做忽觉之状，故问那人曰："床上睡着何人？"答曰："都督请子翼同寝，何故忘却？"瑜懊悔曰："吾平日未尝饮醉，昨日醉后失事，不知可曾说甚言语？"那人曰："江北有人到此。"瑜喝："低声！"便唤"子翼"，蒋干只妆睡着。瑜潜出帐。干窃听之，只闻有人在外曰："张、蔡二都督道：'急切不得下手。'"后面言语颇低，听不真实。少顷，瑜入帐，又唤"子翼"，蒋干只是不应，蒙头假睡。瑜亦解衣就寝。干寻思："周瑜是个精细人，天明寻书不见，必然害我。"睡至五更，干起唤周瑜，瑜却睡着。干戴上巾帻⑩，潜步出帐，唤了小童，径出辕门⑪。军士问："先生那里去？"干曰："吾在此恐误都督事，权且告别。"军士亦不阻当。

干下船，飞棹回见曹操。操问："子翼干事若何？"干曰："周瑜雅量高致，非言词所能动也。"操怒曰："事又不济⑫，反为所笑！"干曰："虽不能说周瑜，却与丞相打听

得一件事。乞退左右。"干取出书信,将上项事逐一说与曹操。操大怒曰:"二贼如此无礼耶!"即便唤蔡瑁、张允到帐下。操曰:"我欲使汝二人进兵。"瑁曰:"军尚未曾练熟,不可轻进。"操怒曰:"军若练熟,吾首级献于周郎矣!"蔡、张二人不知其意,惊慌不能回答。操喝武士推出斩之。须臾,献头帐下,操方省悟曰:"吾中计矣!"众将见杀了张、蔡二人,入问其故。操虽心知中计,却不肯认错,乃谓众将曰:"二人怠慢军法,吾故斩之。"众皆嗟呀不已。操于众将内选毛玠[41]、于禁为水军都督,以代蔡、张二人之职。

细作[42]探知,报过江东。周瑜大喜曰:"吾所患者,此二人耳,今既剿除,吾无忧矣!"

 注释:

① 节选自《三国演义》第四十五回,中华书局2005年版。群英会,英雄豪杰们的聚会。

② 寨:军营。

③ 判云:批道,写道。

④ 甘宁:和下文的韩当、蒋钦,都是东吴的将领。

⑤ 部领:统率。

⑥ 蔡瑁、张允:原来都是荆州刺史(汉代的地方行政长官)刘表的部下,后来投降曹操。

⑦ 三江口:在今湖北黄冈西。

⑧ 蔽江:遮蔽了江面(形容船只多)。

⑨ 应弦而倒:随着弓弦的响声(被射中了)倒在地上。

⑩ 青、徐:青州和徐州,在今山东和江苏一带。

⑪ 巳时:指上午9点到11点。

⑫ 未时:指下午1点到3点。

⑬ 鸣金:敲锣,古代作战时收兵的信号。

⑭ 便(biàn)宜从事:经过特许,可以根据实际情况或临时变化酌情处理,不必请示。

⑮ 水门:用战船在水上布置了作战的阵地,从阵地通向外面的门。

⑯ 吴侯:指东吴的最高统治者孙权。

⑰ 江东:长江在芜湖、南京间作西南偏南、东北偏北流向,隋、唐以前,是南北往来主要渡口的所在地,习惯上称从这里以下的长江南岸地区为江东。三国时,江东是孙吴的根据地,所以当时又称孙吴统治下的全部地区为江东。这里指的是前面一种说法,下文的"江东"指的是后面一种说法。

⑱ 谙(ān)习：熟习。

⑲ 挫动：挫折。

⑳ 交契：交情深厚。契，情意相投。

㉑ 见：同"现"。

㉒ 幕宾：这里指军队里的参谋。

㉓ 江左：古人以东为左，以西为右，所以江东又称江左。

㉔ 葛：一种植物，纤维可以织布。

㉕ 师旷之聪：师旷那样耳朵灵。师旷，春秋时代晋国的乐师，善于辨别乐音。

㉖ 雅意：高雅的含义。

㉗ 叙礼：行礼。

㉘ 行酒：敬酒。

㉙ 太史慈：东吴的将领。

㉚ 按剑：用手抚剑。

㉛ 觥筹交错：酒杯和酒筹交互错杂。筹，酒筹，行酒令（用游戏的方法决定饮酒的次序）用的竹签。

㉜ 全装贯带：全副武装，束着腰带。

㉝ 外托君臣之义，内结骨肉之恩：一方面是君臣关系；一方面彼此有骨肉一样的恩情。

㉞ 陆贾、郦生：汉代有名的辩士。陆贾，楚人，汉初曾随高祖定天下，常出使诸侯做说客。郦生，就是郦食其(lìyìjī)，秦汉之际多次给刘邦献计，后游说齐王田广归汉。

㉟ 发狂吟：唱出放荡不羁的歌。

㊱ 赚：诱骗。

㊲ 关报：报告。

㊳ 巾帻(zé)：头巾。

㊴ 辕门：军营的门。也指衙署的外门。

㊵ 不济：不成功。

㊶ 玠：念 jiè。

㊷ 细作：侦探。

 思考与探究

1. 全文的主线是什么？周瑜用了什么方法除去蔡瑁和张允的？

2. 通过对周、蒋、曹这三个主要人物的分析,说说小说的主题是什么。

3. 从企业经营角度来看,你从周瑜和蒋干身上分别学到了什么?

项　链①

[法]莫泊桑

课文导读

作为世界短篇小说巨匠的代表作,《项链》在艺术上是韵味无穷的。一个小公务员的妻子,梦想着上流社会五光十色的生活,但一夜风光后换来的竟是十年的艰辛。命运的安排让人始料未及,令人不禁感叹:人生是多么奇妙,多么变幻无常。小说以项链为线索展开情节,借项链、失项链、赔项链、发现项链是假的,其中以"失项链"为转折,"失"前她对奢华追求,"失"后造成悲剧,结尾出人意料,构思精妙。

作家还非常注意安排好伏笔,精心进行铺垫。细心的读者可以发现,作品在描写玛蒂尔德向佛来思节夫人借项链、还项链时,佛来思节夫人都有一种满不在乎的态度。这里就蕴藏着一个暗示——那项链并不是什么值钱的首饰,最后再点穿项链是赝品,读者回味前事,恍然大悟。这也是《项链》中的情节读来既出人意料而又合乎情理的重要原因。

此外,小说细腻深刻的心理描写和优美的语言艺术值得称道,阅读时可细细体会。

她也是一个美丽动人的姑娘,好像由于命运的差错,生在一个小职员的家里。她没有陪嫁的资产,也没有什么法子让一个有钱的体面人认识她,了解她,爱她,娶她;最后只得跟教育部的一个小书记②结了婚。

她不能够讲究打扮,只好穿得朴朴素素,但是她觉得很不幸,好像这降低了她的身份似的。因为在妇女,美丽、丰韵、娇媚,就是她们的出身;天生的聪明,优美的资质,温柔的性情,就是她们唯一的资格。

她觉得她生来就是为着过高雅和奢华的生活的,因此她常常感到痛苦。住宅的寒伧,墙壁的黯淡,家具的破旧,衣料的粗陋,都使她苦恼。这些东西,别的跟她一样地位的妇人,也许不会挂在心上,然而她却因此痛苦,因此伤心。她看着那个替她做琐碎家务的勃雷大涅省③的小女仆,心里就引起悲哀的感慨和狂乱的梦想。她梦想那些幽静的厅堂,那里装饰着东方的帷幕,点着高脚的青铜灯,还有两个穿短裤的仆人,躺在宽大的椅子里,被暖炉的热气烘得打盹儿。她梦想那些宽敞的客

厅,那里张挂着古式的壁衣①,陈设着精巧的木器,珍奇的古玩。她梦想那些华美的香气扑鼻的小客室,在那里,下午五点钟的时候,她跟最亲密的男朋友闲谈,或者跟那些一般女人最仰慕最乐于结识的男子闲谈。

每当她在铺着一块三天没洗的桌布的圆桌边坐下来吃晚饭的时候,对面,她的丈夫揭开汤锅的盖子,带着惊喜的神气说:"啊! 好香的肉汤! 再没有比这更好的了! ……"这时候,她就梦想到那些精美的晚餐,亮晶晶的银器;梦想到那些挂在墙上的壁衣,上面绣着古装人物、仙境般的园林、奇异的禽鸟;梦想到盛在名贵的盘碟里的佳肴;梦想到一边吃着粉红色的鲈鱼或者松鸡⑤翅膀,一边带着迷人的微笑听客人密谈。

她没有漂亮的服装,没有珠宝,什么也没有。然而她偏偏只喜爱这些,她觉得自己生在世上就是为了这些。她一向就向往着得人欢心,被人艳羡,具有诱惑力而被人追求。

她有一个有钱的女朋友⑥,是教会女校的同学,可是她再也不想去看望女朋友了,因为看望回来就会感到十分痛苦。由于伤心、悔恨、失望、困苦,她常常要哭好几天。

然而,有一天傍晚,她丈夫得意扬扬地回家来,手里拿着一个大信封。

"看呀,"他说,"这里有点东西给你。"

她高高兴兴地拆开信封,抽出一张请柬,上面印着这些字:

"教育部部长乔治·郎伯诺及夫人,恭请路瓦栽先生与夫人于一月十八日(星期一)光临教育部礼堂,参加晚会。"

她不像她丈夫预料的那样高兴,她懊恼地把请柬丢在桌上,咕哝着:

"你叫我拿着这东西怎么办呢?"

"但是,亲爱的,我原以为你一定很喜欢的。你从来不出门,这是一个机会,一个好机会,我费了多大力气才弄到手,大家都希望得到,可是很难得到,一向很少发给职员,你在那儿可以看见所有的官员。"

她用恼怒的眼神瞧着他,不耐烦地大声说:"你打算让我穿什么去呢?"

他没有料到这个,结结巴巴地说:"你上戏园子穿的那件衣裳,我觉得就很好,依我……"

他住了口,惊惶失措,因为看见妻子哭起来了,两颗大大的泪珠慢慢地顺着眼角流到嘴角来了。他吃吃地说:"你怎么了? 你怎么了?"

她费了很大的力,才抑制住悲痛,擦干她那润湿的两腮,用平静的声音回答:"没有什么。只是,没有件像样的衣服,我不能去参加这个晚会。你的同事,谁的妻子打扮得比我好,就把这请柬送给谁去吧。"

他难受了,接着说:"好吧,玛蒂尔德⑦。做一身合适的衣服,你在别的场合也能穿,很朴素的,得多少钱呢?"

　　她想了几秒钟,合计出一个数目,考虑到这个数目可以提出来,不会招致这个俭省的书记立刻的拒绝和惊骇的叫声。

　　末了,她迟疑地答道:"准数呢,我不知道,不过我想,有四百法郎就可以办到。"

　　他脸色有点发白了。他恰好存着这么一笔款子,预备买一杆猎枪,好在夏季的星期天,跟几个朋友到南代尔平原去打云雀。

　　然而他说:"就这样吧,我给你四百法郎。不过你得把这件长衣裙做得好看些。"

　　晚会的日子近了,但是路瓦栽夫人显得郁闷、不安、忧愁。她的衣服做好了。她丈夫有一天晚上对她说:"你怎么了? 看看,这三天来你非常奇怪。"

　　她回答说:"叫我发愁的是一粒珍珠、一块宝石都没有,没有什么戴的。我处处带着穷酸气,很不想去参加这个晚会。"

　　他说:"戴上几朵鲜花吧。在这个季节里,这是很时新的。花十个法郎,就能买两三朵别致的玫瑰。"

　　她还是不依。"不成,……在阔太太中间露穷酸相,再难堪也没有了。"

　　她丈夫大声说:"你多么傻呀! 去找你的朋友佛来思节夫人,向她借几样珠宝。你跟她很有交情,这点事满可以办到。"

　　她发出惊喜的叫声。"真的! 我倒没想到这个。"

　　第二天,她到她的朋友家里,说起自己的烦闷。

　　佛来思节夫人走近她那个镶着镜子的衣柜,取出一个大匣子,拿过来打开了,对路瓦栽夫人说:"挑吧,亲爱的。"

　　她先看了几副镯子,又看了一挂珍珠项链,随后又看了一个威尼斯式的镶着宝石的金十字架,做工非常精巧。她在镜子前边试这些首饰,犹豫不决,不知道该拿起哪件,放下哪件。她不断地问着:"再没有别的了吗?"

　　"还有呢。你自己找吧,我不知道哪样合你的意。"

　　忽然她在一个青缎子盒子里发现一挂精美的钻石项链,她高兴得心都快跳出来了,她双手拿着那项链发抖。她把项链绕着脖子挂在她那长长的高领上,站在镜前对着自己的影子出神好半天。

　　随后,她迟疑而焦急地问:"你能借给我这件吗? 我只借这一件。"

　　"当然可以。"

　　她跳起来,搂住朋友的脖子,狂热地亲吻她,接着就带着这件宝物离开了。

　　晚会的日子到了,路瓦栽夫人大获成功。她比所有的女宾都漂亮、高雅、迷人,她满脸笑容,兴高采烈。所有的男宾都注视她,打听她的姓名,求人给介绍;部里机要处的人员都想跟她跳舞,部长也注意她了。

　　她狂热地兴奋地跳舞,沉迷在欢乐里,什么都不想了。她陶醉于自己的美貌胜过一切女宾,陶醉于成功的光荣,陶醉在人们对她的赞美和嫉妒所形成的幸福的云

雾里,陶醉在女人们所认为最美满最甜蜜的胜利里。

她是早晨四点钟光景离开的。她丈夫从半夜起就跟三个男宾在一间冷落的小客室里睡着了。那时候,这三个男宾的妻子也正舞得快活。

她丈夫把那件从家里带来的衣服披在她的肩膀上。这是件朴素的家常衣服,这件衣服的寒酸味儿跟舞会上的衣服的豪华气派很不相称。她感觉到这一点,为了避免那些穿着珍贵皮草的女人看见,想赶快逃走。

丈夫把她拉住,说:"等一等,你到外边要着凉的。我去叫一辆马车来。"

但是她一点也不听,赶忙走下台阶。他们到了街上,一辆车也没看见,他们到处找,远远地看见车夫就喊。

他们在失望中顺着塞纳河⑧走去,冷得发抖,终于在河岸上找着一辆破旧的马车。这种车,巴黎只有夜间才看得见;白天,它们好像自惭形秽⑨,不出来。

车把他们一直拉到马丁街寓所门口,他们惆怅地进了门。于她,一件大事算是完了。她丈夫呢,在想着十点钟得到部里去。

她脱下披在肩膀上的衣服,站在镜子前边,为的是趁这荣耀的打扮还在身上,再端详一下自己。但是,她猛然喊了一声——脖子上的钻石项链没有了!

她丈夫已经脱了一半衣服,就问:"什么事情?"

她吓昏了,转身向着他说:"我……我……我丢了佛来思节夫人的项链了。"

他惊惶失措地直起身子,说:"什么!……怎么啦!……怎么会有这样的事!"

他们在长衣裙褶里、大衣褶里寻找,在所有口袋里寻找,竟没有找到。

他问:"你确实相信离开舞会的时候它还在吗?"

"是的,在教育部走廊上我还摸过它呢。"

"但是,如果是在街上丢的,我们总听得见声响。一定是丢在车里了。"

"是的,很可能。你记得车的号码吗?"

"不记得。你呢,你没注意吗?"

"没有。"

他们惊惶地面面相觑。末后,路瓦栽重新穿好衣服。

"我去,"他说,"把我们走过的路再走一遍,看看会不会找着。"

他出去了。她穿着那件参加舞会的衣服,连上床睡觉的力气也没有,只是倒在一把椅子里发呆,精神一点也提不起来,什么也不想。

七点钟光景,她丈夫回来了,什么也没找着。

后来,他到警察厅去,到各报馆去,悬赏招寻,也到所有车行去找。总之,凡有一线希望的地方,他都去过了。

她面对着这不幸的灾祸,一整天等候着,处在惊恐的状态里。

晚上,路瓦栽带着瘦削苍白的脸回来了,一无所得。

"应该给你的朋友写信,"他说,"说你把项链的搭钩⑩弄坏了,正在修理。这

样，我们才有周转的时间。"

她照他说的写了封信。

过了一个星期，他们所有的希望都断绝了。

路瓦栽，好像老了五年，他决然说："应该想法赔偿这件首饰了。"

第二天，他们拿了盛项链的盒子，照着盒子上的招牌字号找到那家珠宝店。老板查看了许多账簿，说："太太，这挂项链不是我卖出的，我只卖出这个盒子。"

于是他们就从这家珠宝店到那家珠宝店，凭着记忆去找一挂同样的项链。两个人都愁苦不堪，快病倒了。

在皇宫街一家铺子里，他们看见一挂钻石项链，正跟他们找的那一挂一样，标价四万法郎。老板让了价，只要三万六千法郎。

他们恳求老板，三天以内不要卖出去。他们又订了约，如果原来那一挂在二月底以前找着，那么老板可以拿三万四千收回这一挂。

路瓦栽现有父亲遗留给他的一万八千法郎。其余的，他得去借。

他开始借钱了。向这个借一千法郎，问那个借五百法郎，从这儿借五个路易①，从那儿借三个路易。他签了好些债券，订了好些使他破产的契约。他跟许多放高利贷的人和各种不同国籍的放债人打交道。他顾不得后半世的生活了，冒险到处签着名，却不知道能保持信用不能。未来的苦恼，将要压在身上的残酷的贫困，肉体的苦楚，精神的折磨，在这一切的威胁之下，他把三万六千法郎放在商店的柜台上，取来那挂新的项链。

路瓦栽夫人送还项链的时候，佛来思节夫人带着一种不满意的神情对她说："你应当早一点还我，也许我早就要用它了。"

佛来思节夫人没有打开盒子。她的朋友正担心她打开盒子。如果她发觉是件代替品，她会怎样想呢？会怎样说呢？她不会把她的朋友当成一个贼吧？

路瓦栽夫人懂得穷人的艰难生活了。她一下子显出了英雄气概，毅然决然打定了主意。她要偿还这笔可怕的债务。她辞退了女仆，迁移了住所，租赁了一个小阁楼住下。

她懂得家里的一切粗笨活儿和厨房里的讨厌的杂事了。她刷洗杯盘碗碟，在那油腻的盆沿上和锅底上磨粗了她那粉嫩的手指。她用肥皂洗衬衣，洗抹布，晾在绳子上。每天早晨，她把垃圾从楼上提到街上，再把水从楼下提到楼上，走上一层楼，就站住喘气。她穿得像一个穷苦的女人，胳膊上挎着篮子，到水果店里，杂货店里，肉铺里，争价钱，受嘲骂，一个铜子一个铜子地节省她那艰难的钱。

月月都得还一批旧债，借一些新债，这样来延缓清偿的时日。

她丈夫一到晚上就给一个商人誊写账目，常常到了深夜还在抄写五个铜子一页的书稿。

这样的生活继续了十年。

第十年年底，债都还清了，连那高额的利息和利上加利滚成的数目也还清了。

路瓦栽夫人现在显得老了。她成了一个穷苦人家的粗壮耐劳的妇女了。她胡乱地挽着头发，歪斜地系着裙子，露着一双通红的手，高声大气地说着话，用大桶的水刷洗地板。但是有时候，她丈夫办公去了，她一个人坐在窗前，就回想起当年那个舞会来，那个晚上，她多么美丽，多么使人倾倒啊！

要是那时候没有丢掉那挂项链，她现在是怎样一个境况呢？谁知道呢？谁知道呢？人生是多么奇怪，多么变幻无常啊，极细小的一件事可以败坏你，也可以成全你！

有一个星期天，她到极乐公园去走走，舒散一星期来的疲劳。这时候，她忽然看见一个妇人领着一个孩子在散步。原来就是佛来思节夫人，她依旧年轻，依旧美丽动人。

路瓦栽夫人无限感慨。她要上前去跟佛来思节夫人说话吗？当然，一定得去。而且现在把债都还清了，她可以完全告诉她了。为什么不呢？

她走上前去。

"你好，珍妮⑫。"

佛来思节夫人竟一点也不认识她了。一个平民妇人这样亲昵地叫她，她非常惊讶。她磕磕巴巴地说："可是……太太……我不知道……你一定是认错了。"

"没有错。我是玛蒂尔德·路瓦栽。"

她的朋友叫了一声："啊！……我可怜的玛蒂尔德，你怎么变成这样了！……"

"是的，多年不见面了，这些年来我忍受着许多苦楚，……而且都是因为你！……"

"因为我？……这是怎么讲的？"

"你一定记得你借给我的那挂项链吧，我戴着它去参加教育部的舞会。"

"记得。怎么样呢？"

"怎么样？我把它丢了。"

"哪儿的话！你已经还给我了。"

"我还给你的是另一挂，跟你那挂完全相同。你瞧，我们花了十年工夫，才付清它的代价。你知道，对于我们这样什么也没有的人，这可不是容易的啊！……不过事情到底了结了，我可真高兴。"

佛来思节夫人停下脚步，说："你是说你买了一挂钻石项链赔我吗？"

"对呀。你当时没有看出来？简直是一模一样的啊。"于是她带着天真的得意的神情笑了。

佛来思节夫人感动极了，抓住她的双手，说："唉！我可怜的玛蒂尔德！可是我那一挂是假的，至多值五百法郎！……"

注释：

① 这篇课文是以几种中文译文为基础，并根据法文本校订的。《项链》发表于1884年，原题《首饰》。《项链》这个译名是由英译文转译过来，因为沿用已久，这里仍旧用它。

② 书记：旧时在机关里做抄写工作的职员。

③ 勃雷大涅省：法国西部靠海的一个省区。雇佣这个地方的人，可以给较低的工资。

④ 壁衣：装饰墙壁的织物。

⑤ 松鸡：一种山鸡，脚上长满羽毛，背部有白、黄、褐、黑等杂色的斑纹，生长在寒冷地带的森林中，肉味鲜美。

⑥ 一个有钱的女朋友：指下文的佛来思节夫人。

⑦ 玛蒂尔德：路瓦栽夫人的名字。

⑧ 塞纳河：法国西北部的一条河，流经巴黎，把巴黎分为河南河北两部分。

⑨ 自惭形秽：看到自己不如别人而感到羞愧。形秽，形态丑陋，引申为感到自身的缺点或者不足。

⑩ 搭钩：这里指项链两头连接的钩子。

⑪ 路易：法国钱币名。一路易约值二十法郎。

⑫ 珍妮：佛来思节夫人的名字。

思考与探究

1. 小说结尾出人意料，这是否符合生活实情？有人说"丢项链"写得太突然，没有写出必然性，谈谈你的看法。

2. 作者对玛蒂尔德的心理描写简洁、深刻、形象。请在文中找出几处心理描写，体会其在刻画人物思想性格方面的作用。

3. 玛蒂尔德的爱美之心是否具有合理性？

4. 钻石项链有何象征意义？

5. 请你为玛蒂尔德重新设计结局。

6. 假如项链没有丢失，以后情节如何发展？

陈奂生上城①

高晓声②

《陈奂生上城》获 1980 年全国优秀短篇小说奖。"陈奂生系列小说"包括《漏斗户主》、《陈奂生上城》、《陈奂生转业》和《陈奂生包产》。

短篇小说《陈奂生上城》是高晓声写的陈奂生系列中最为精彩的一篇。小说通过主人公陈奂生上城卖油绳、买帽子、住招待所的经历及其微妙的心理变化，写出了新时期的农民在物质生活得到改善以后，对精神生活的追求，以及追求过程中的喜悦、苦恼和尴尬。

小说情节基本按照时空顺序展开，但又不局限于时空的顺序，有时采用跳跃与切入。如陈奂生在车站生病、住招待所，作者没有按顺序交代，而是写他在招待所一觉醒来，然后通过补叙回忆交代前面的事。情节设计上的"一奇"和"五巧"。"一奇"：漏斗户主竟住进了高级房间。"五巧"：卖油绳可见粮油有余是一巧；买帽子既显生活稍有改善又好像变娇气，"怕脑后生风了"而暗示要感冒是二巧；渴求精神生活反映农民的变化是三巧；选择车站这一地点去卖油绳并睡在那里面没有来得及回家，因而与吴书记相遇是四巧；因感冒而住进高级房间从而得以表现陈奂生的心理是五巧。

一

"漏斗户主"③陈奂生，今日悠悠上城来。

一次寒潮刚过，天气已经好转，轻风微微吹，太阳暖烘烘，陈奂生肚里吃得饱，身上穿得新，手里提着一个装满东西的干干净净的旅行包，也许是气力大，也许是包儿轻，简直像拎了束灯草，晃荡晃荡，全不放在心上。他个儿又高、腿儿又长，上城三十里，经不起他几晃荡；往常挑了重担都不乘车，今天等于是空身，自更不用说，何况太阳还高，到城嫌早，他尽量放慢脚步，一路如游春看风光。

他到城里去干啥？他到城里去做买卖。稻子收好了，麦垄种完了，公粮余粮卖掉了，口粮柴草分到了，乘这个空当，出门活动活动，赚几个活钱买零碎。自由市场开放了，他又不投机倒把，卖一点农副产品，冠冕堂皇。

他去卖什么？卖油绳④。自家的面粉，自家的油，自己动手做成的。今天做好今天卖，格啦嘣脆，又香又酥，比店里的新鲜，比店里的好吃，这旅行包里装的尽是它；还用小塑料袋包装好，有五根一袋的，有十根一袋的，又好看，又干净。一共六斤，卖完了，稳赚三元钱。

赚了钱打算干什么？打算买一顶簇新的、呱呱叫的帽子。说真话，从三岁以后，四十五年来，没买过帽子。解放前是穷，买不起；解放后是正当青年，用不着；"文化大革命"以来，肚子吃不饱，顾不上穿戴，虽说年纪到把，也怕脑后风了。正在无可奈何，幸亏有人送了他一顶"漏斗户主"帽，也就只得戴上，横竖不要钱。七八年决分⑤以后，帽子不翼而飞，当时只觉得头上轻松，竟不曾想到冷。今年好像变娇了，上两趟寒流来，就缩头缩颈，伤风打喷嚏，日子不好过，非买一顶帽子不行。好在这也不是大事情，现在活路大，这几个钱，上一趟城就赚到了。

陈奂生真是无忧无虑，他的精神面貌和去年大不相同了。他是过惯苦日子的，现在开始好起来，又相信会越来越好，他还不满意吗？他满意透了。他身上有了肉，脸上有了笑；有时候半夜里醒过来，想到囤里有米、橱里有衣，总算像家人家了，就兴致勃勃睡不着，禁不住要把老婆推醒了陪他聊天讲闲话。

提到讲话，就触到了陈奂生的短处，对着老婆，他还常能说说，对着别人，往往默默无言。他并非不想说，实在是无可说。别人能说东道西，扯三拉四，他非常羡慕。他不知道别人怎么会碰到那么多新鲜事儿，怎么会想得出那么多特别的主意，怎么会具备那么多离奇的经历，怎么会记牢那么多怪异的故事，又怎么会讲得那么动听。他毫无办法，简直犯了死症毛病，他从来不会打听什么，上一趟街，回来只会说"今天街上人多"或"人少"、"猪行里有猪""青菜贱得卖不掉"之类的话。他的经历又和村上大多数人一样，既不特别，又是别人一目了然的，讲起来无非是"小时候娘常打我的屁股，爹倒不凶"，"也算上了四年学，早忘光了"，"三九年大旱，断了河底，大家捉鱼吃"，"四九年改朝换代，共产党打败了国民党"，"成亲以后，养了一个儿子、一个小女"……索然无味，等于不说。他又看不懂书；看戏听故事，又记不牢。看了《三打白骨精》，老婆要他讲，他也只会说："孙行者最凶，都是他打死的。"老婆不满足，又问白骨精是谁，他就说："是妖怪变的。"还是儿子巧，声明"白骨精不是妖怪变的，是白骨精变成的妖怪"，才算没有错到底。他又想不出新鲜花样来，比如种田，只会讲"种麦要用锄头抨碎泥块"，"莳⑥秧一莞⑦莳六棵"……谁也不要听。再如这卖油绳的行当，也根本不是他发明的，好些人已经做过一阵了，怎样用料？怎样加工？怎样包装？什么价钱？多少利润？什么地方、什么时间买客多、销路好？都是向大家学来的经验。如果他再向大家夸耀，岂不成了笑话！甚至刻薄些的人

还会吊他的背筋："嗳！连'漏斗户主'也有油、粮卖油绳了，还当新闻哩！"还是不开口也罢。

如今，为了这点，他总觉得比别人矮一头。黄昏空闲时，人们聚拢来聊天，他总只听不说，别人讲话也总不朝他看，因为知道他不会答话，所以就像等于没有他这个人。他只好自卑，他只有羡慕。他不知道世界上有"精神生活"这一个名词，但是生活好转以后，他渴望过精神生活。哪里有听的，他爱去听，哪里有演的，他爱去看，没听没看，他就觉得没趣。有一次大家闲谈，一个问题专家出了个题目："在本大队你最佩服哪一个？"他忍不住也答了腔，说："陆龙飞最狠。"人家问："一个说书的，狠什么？"他说："就为他能说书。"

于是，他又惭愧了，觉得自己总是不会说，又被人家笑，还是不说为好。他总想，要是能碰到一件大家都不曾经过的事情，讲给大家听听就好了，就神气了。

二

当然，陈奂生的这个念头，无关大局，往往蹲在离脑门三四寸的地方，不大跳出来，只是在尴尬时冒一冒尖，让自己存个希望罢了。比如现在上城卖油绳，想着的就只是新帽子。

尽管放慢脚步，走到县城的时候，还只下午六点不到。他不忙做生意，先就着茶摊，出一分钱买了杯热茶，啃着随身带着当晚餐的几块僵饼，填饱了肚子，然后向火车站走去。一路游街看店，遇上百货公司，就弯进去侦察有没有他想买的帽子，要多少价钱？三爿①店查下来，他找到了满意的一种。这时候突然一拍屁股，想到没有带钱。原先只想卖了油绳赚了利润再买帽子，没想到油绳未卖之前商店就要打烊；那么，等到赚了钱，这帽子就得明天才能买了。可自己根本不会在城里住夜，一无亲，二无眷，从来是连夜回去的，这一趟分明就买不成，还得光着头冻几天。

受了这点挫折，心情不挺愉快，一路走来，便觉得头上凉飕飕，更加懊恼起来。到火车站时，已过八点了。时间还早，但既然来了，也就选了一块地方，敞开包裹，亮出商品，摆出摊来。这时车站上人数不少，但陈奂生知道难得会有顾客，因为这些都是吃饱了晚饭来候车的，不会买他的油绳，除非小孩嘴馋吵不过，大人才会买。只有火车上下车的旅客到了，生意才会忙起来。他知道九点四十分、十点半，各有一班车到站，这油绳到那时候才能卖掉，因为时近半夜，店摊收歇，能买到吃的地方不多，旅客又饿了，自然争着买。如果十点半卖不掉，十一点二十分还有一班车，不过太晏②了，陈奂生宁可剩点回去也不想等，免得一夜不得睡，须知跑回去也是三十里啊。

果然不错，这些经验很灵，十点半以后，陈奂生的油绳就已经卖光了。下车的

旅客一拥而上,七手八脚,伸手来拿,把陈奂生搞得昏头昏脑,卖完一算账,竟少了三角钱,因为头昏,怕算错了,再认真算了一遍,还是缺三角,看来是哪个贪小利拿了油绳未付款。他叹了一口气,自认晦气。本来他也晓得,人家买他的油绳,是不能向公家报销的,那要吃而不肯私人掏腰包的,就会耍一点魔术,所以他总是特别当心,可还是丢失了,真是双拳不敌四手,两眼难顾八方。只好认了吧,横竖三块钱赚头,还是有的。

他又叹了口气,想动身凯旋回府。谁知一站起来,双腿发软,两膝打颤,竟是浑身无力。他不觉大吃一惊,莫非生病了吗?刚才做生意,精神紧张,不曾觉得,现在心定下来,才感到浑身不适,原先喉咙嘶哑,以为是讨价还价喊哑的,现在连口腔上片都像冒烟,鼻气火热;一摸额头,果然滚烫,一阵阵冷风吹得头皮好不难受。他毫无办法,只想先找杯热茶解渴。那时茶摊已无,想起车站上有个茶水供应地方,便强撑着移步过去。到了那里,打开龙头,热水倒有,只是找不到茶杯。原来现在讲究卫生,旅客大都自带茶缸,车站上落得省劲,就把杯子节约掉了。陈奂生也顾不得卫生不卫生,双手捧起龙头里流下的水就喝。那水倒也有点烫,但陈奂生此时手上的热度也高,还忍得住,喝了几口,算是好过一点。但想到回家,竟是千难万难;平常时候,那三十里路,好像经不起脚板一颠,现在看来,真如隔了十万八千里,实难登程。他只得找个位置坐下,耐性受痛,觉得此番遭遇,完全错在忘记了带钱先买帽子,才受凉发病。一着走错,满盘皆输;弄得上不上、下不下,进不得、退不得,卡在这儿,真叫尴尬。万一严重起来,此地举目无亲,耽误就医吃药,岂不要送掉老命!可又一想,他陈奂生是个堂堂男子汉,一生干净,问心无愧,死了也闭眼不闭;活在世上多种几年田,有益无害,完全应该提供宽裕的时间,没有任何匆忙的必要。想到这里,陈奂生高兴起来,他嘴巴干燥,笑不出声,只是两个嘴角,向左右同时咧开,露出一个微笑。那扶在椅上的右手,轻轻提了起来,像听到了美妙的乐曲似的,在右腿上赏心地拍了一拍,松松地吐出口气,便一头横躺在椅子上卧倒了。

三

一觉醒来,天光已经大亮,陈奂生肢体瘫软,头脑不清,眼皮发沉,喉咙痒痒地咳了几声;他懒得睁眼,翻了一个身便又想睡。谁知此身一翻,竟浑身颤了几颤,一颗心像被线穿着吊了几吊,牵肚挂肠。他用手一摸,身下贼软;连忙一个翻身,低头望去,证实自己猜得一点不错,是睡在一张棕绷大床上。陈奂生吃了一惊,连忙平躺端正,闭起眼睛,要弄清楚怎么会到这里来的。他好像有点印象,一时又糊涂难记,只得细细琢磨,好不容易才想出了县委吴书记和他的汽车,一下子理出头绪,把一串细关节脉都拉了出来。

原来陈奂生这一年真交了好运,逢到急难,总有救星。他发高烧昏睡不久,候车室门口就开来一部吉普车,载来了县委书记吴楚。他是要乘十二点一刻那班车到省里去参加明天的会议。到火车站时,刚只十一点四十分,吴楚也就不忙,在候车室踱起步来,那司机一向要等吴楚进了站台才走,免得他临时有事找不到人,这次也照例陪着。因为是半夜,候车室旅客不多,吴楚转过半圈,就发现了睡着的陈奂生。吴楚不禁笑了起来,他今秋在陈奂生的生产队里蹲了两个月,一眼就认出他来,心想这老实肯干的忠厚人,怎么在这儿睡着了?若要乘车,岂不误事。便走去推醒他;推了一推,又发现那屁股底下,垫个瘪包,心想坏了,莫非东西被偷了?就着紧推他,竟也不醒。这吴楚原和农民玩惯了的,一时调皮起来,就去捏他的鼻子;一摸到皮肤热辣辣,才晓得他病倒了,连忙把他扶起,总算把他弄醒了。

这些事情,陈奂生当然不晓得。现在能想起来的,是自己看到吴书记之后,就一把抓牢,听到吴书记问他:"你生病了吗?"他点点头。吴书记问他:"你怎么到这里来的?"他就去摸了摸旅行包。吴书记问他:"包里的东西呢?"他就笑了一笑。当时他说了什么?究竟有没有说?他都不记得了;只记得吴书记好像已经完全明白了他的意思,便和驾驶员一同扶他上了车,车子开了一段路,叫开了一家门(机关门诊室),扶他下车进去,见到了一个穿白衣服的人,晓得是医生了。那医生替他诊断片刻,向吴书记笑着说了几句话(重感冒,不要紧),倒过半杯水,让他吃了几片药,又包了一点放在他口袋里,也不曾索钱,便代替吴书记把他扶上了车,还关照说:"我这儿没有床,住招待所吧,安排清静一点的地方睡一夜就好了。"车子又开动,又听吴书记说:"还有十三分钟了,先送我上车站,再送他上招待所,给他一个单独房间,就说是我的朋友……"

陈奂生想到这里,听见自己的心扑扑跳得比打钟还响,合上眼皮,流出晶莹的泪珠,在眼角里停留片刻,便一条线挂下来了。这个吴书记真是大好人,竟看得起他陈奂生,把他当朋友,一旦有难,能挺身而出,拔刀相助,救了他一条性命,实在难得。

陈奂生想,他和吴楚之间,其实也谈不上交情,不过认识罢了。要说有什么私人交往,平生只有一次。记得秋天吴楚在大队蹲点,有一天突然闯到他家来吃了一顿便饭,听那话音,像是特地来体验体验"漏斗户"的生活改善到什么程度的;还带来了一斤块块糖,给孩子们吃。细算起来,等于两顿半饭钱。那还算什么交情呢!说来说去,是吴书记做了官不曾忘记老百姓。

陈奂生想罢,心头暖烘烘,眼泪热辣辣,在被口上拭了拭,便睁开来细细打量这住的地方,却又吃了一惊。原来这房里的一切,都新堂堂、亮澄澄,平顶(天花板)白得耀眼,四周的墙,用青漆漆了一人高,再往上就刷刷白,地板暗红闪光,照出人影子来;紫檀色五斗橱,嫩黄色写字台,更有两张出奇的矮凳,比太师椅还大,里外包着皮,也叫不出它的名字来。再看床上,垫的是花床单,盖的是新被子,雪白的被底,崭新的绸面,呱呱叫三层新。陈奂生不由自主地立刻在被窝里缩成一团,他知道自己身上(特别是脚)不大干净,生怕弄脏了被子……随即悄悄起身,悄悄穿好了衣服,不敢弄出一点声音来,好像做了偷儿,被人发现就会抓住似的。他下了床,把鞋子拎在手里,光着脚跑出去;又眷顾着那两张大皮椅,走近去摸一摸,轻轻捺了捺,知道里边有弹簧,却不敢坐,怕压瘪了弹不饱;然后才真的悄悄开门,走出去了。

到了走廊里,脚底已冻得冰冷,一瞧别人是穿了鞋走路的,知道不碍,也套上了鞋。心想吴书记照顾得太好了,这哪儿是我该住的地方!一向听说招待所的住宿费贵,我又没处报销,这样的房间,不知要多少钱,闹不好,一夜天把顶帽子钱住掉了,才算不来呢。

他心里不安,赶忙要弄清楚。横竖他要走了,去付了钱吧。

他走到门口柜台处,朝里面正在看报的大姑娘说:“同志,算账。”

“几号房间?”那大姑娘恋着报纸说,并未看他。

“几号不知道。我住在最东那一间。”

那姑娘连忙丢了报纸,朝他看看,甜甜地笑着说:“是吴书记汽车送来的?你身体好了吗?”

“不要紧,我要回去了。”

“何必急,你和吴书记是老战友吗?你现在在哪里工作?……”大姑娘一面软款款地寻话说,一面就把开好的发票交给他,笑得甜极了。陈奂生看看她,真是绝色!

但是,接到发票,低头一看,陈奂生便像给火钳烫着了手。他认识那几个字,却不肯相信。“多少?”他忍不住问,浑身燥热起来。

“五元。”

“一夜天?”他冒汗了。

“是一夜五元。”

陈奂生的心,忐忐忑忑大跳。“我的天!”他想,“我还怕困掉一顶帽子,谁知竟要两顶!”

“你的病还没有好,还正在出汗呢!”大姑娘惊怪地说。

千不该,万不该,陈奂生竟说了一句这样的外行话:“我是半夜里来的呀!”

大姑娘立刻看出他不是一个人物,她不笑了,话也不甜了,像菜刀剁着砧板似的笃笃响着说:“不管你什么时候来,横竖到今午十二点为止,都收一天钱。”这还是客气的,没有嘲笑他,是看了吴书记的面子。

陈奂生看着那冷若冰霜的脸,知道自己说错了话,得罪了人,哪里还敢再开口,只得抖着手伸进袋里去摸钞票,然后细细数了三遍,数定了五元;交给大姑娘时,那外面一张人民币,已经半湿了,尽是汗。

这时大姑娘已在看报,见递来的钞票太零碎,更皱了眉头。但她还有点涵养,

并不曾说什么，收进去了。

陈奂生出了大价钱，不曾讨得大姑娘欢喜，心里也有点忿忿然。本想一走了之，想到旅行包还丢在房间里，就又回过来。

推开房间，看看照出人影的地板，又站住犹豫："脱不脱鞋？"一转念，忿忿想到，"出了五元钱呢！"再也不怕弄脏，大摇大摆走了进去，往弹簧太师椅上一坐，"管它，坐瘪了不关我事，出了五元钱呢。"

他饿了，摸摸袋里还剩一块僵饼，拿出来啃了一口，看见了热水瓶，便去倒一杯开水和着饼吃。回头看刚才坐的皮凳，竟没有瘪，便故意立直身子，扑通坐下去……试了三次，也没有坏，才相信果然是好家伙。便安心坐着啃饼，觉得很舒服。头脑清爽，热度退尽了，分明是刚才出了一身大汗的功劳。他是个看得穿的人，这时就有了兴头，想道："这等于出晦气钱——譬如买药吃掉！"

啃完饼，想想又肉痛起来，究竟是五元钱哪！他昨晚上在百货店看中的帽子，实实在在是二元五一顶，为什么睡一夜要出两顶帽钱呢？连沈万山⑨都要住穷的；他一个农业社员，去年工分单价七角，困一夜做七天还要倒贴一角，这不是开了大玩笑！从昨半夜到现在，总共不过七八个钟头，几乎一个钟头要做一天工，贵死人！真是阴错阳差，他这副骨头能在那种床上躺尸吗！现在别的便宜拾不着，大姑娘说可以住到十二点，那就再困吧，困到足十二点走，这也是捞着多少算多少。对，就是这个主意。

这陈奂生确是个向前看的人，认准了自然就干，但刚才出了汗，吃了东西，脸上嘴上，都不惬意，想找块毛巾洗脸，却没有。心一横，便把提花枕巾捞起来干擦了一阵，然后衣服也不脱，就盖上被头困了，这一次再也不怕弄脏了什么，他出了五元钱呢。——即使房间弄成了猪圈，也不值！

可是他睡不着，他想起了吴书记。这个好人，大概只想到关心他，不曾想到他这个人经不起这样高级的关心。不过人家忙着赶火车，哪能想得周全！千怪万怪，只怪自己不曾先买帽子，才伤了风，才走不动，才碰着吴书记，才住招待所，才把油绳的利润搞光，连本钱也蚀掉一块多……那么，帽子还买不买呢？他一狠心：买，不买还要倒霉的！

想到油绳，又觉得肚皮饿了。那一块僵饼，本来就填不饱，可惜昨夜生意太好，油绳全卖光了，能剩几袋倒好；现在懊悔已晚，再在这床上困下去，会越来越饿，身上没有粮票，中饭到哪里去吃！到时候饿得走不到，难道再在这儿住一夜吗？他慌了，两脚一端，把被头踢开，拎了旅行包，开门就走。此地虽好，不是久恋之所，虽然还剩得有二三个钟点，又带不走，忍痛放弃算了。

他出得门来，再无别的念头，直奔百货公司，把剩下来的油绳本钱，买了一顶帽子，立即戴在头上，飘然而去。

一路上看看野景，倒也容易走过；眼看离家不远，忽然想到这次出门，连本搭

利,几乎全部搞光,马上要见老婆,交不出账,少不得又要受气,得想个主意对付她。怎么说呢? 就说输掉了;不对,自己从不赌。就说吃掉了;不对,自己从不死吃。就说被扒掉了;不对,自己不当心,照样挨骂。就说做好事救济了别人;不对,自己都要别人救济。就说送给一个大姑娘了,不对,老婆要犯疑……那怎么办?

陈奂生自问自答,左思右想,总是不妥。忽然心里一亮,拍着大腿,高兴地叫道:"有了。"他想到此趟上城,有此一番动人的经历,这五块钱花得值透。他总算有点自豪的东西可以讲讲了。试问,全大队的干部、社员,有谁坐过吴书记的汽车? 有谁住过五元钱一夜的高级房间? 他可要讲给大家听听,看谁还能说他没有什么讲的! 看谁还能说他没见过世面? 看谁还能瞧不起他,唔! ……他精神陡增,顿时好像高大了许多。老婆已不在他眼里了;他有办法对付,只要一提到吴书记,说这五块钱还是吴书记看得起他,才让他用掉的,老婆保证服帖。哈,人总有得意的时候,他仅仅花了五块钱就买到了精神的满足,真是拾到了非常的便宜货,他愉快地划着快步,像一阵清风荡到了家门……

果然,从此以后,陈奂生的身份显著提高了,不但村上的人要听他讲,连大队干部对他的态度也友好得多,而且,上街的时候,背后也常有人指点着他告诉别人说:"他坐过吴书记的汽车",或者"他住过五块钱一夜的高级房间"……公社农机厂的采购员有一次碰着他,也拍拍他的肩胛说:"我就没有那个运气,三天两头住招待所,也住不进那样的房间。"

从此,陈奂生一直很神气,做起事来,更比以前有劲得多了。

注释:

① 选自《人民文学》1980 年第 2 期。

② 高晓声,生于 1928 年,江苏武进人。当代作家。主要作品有《李顺大造屋》、《漏斗户主》等。

③ "漏斗户主":系作者写的另一篇小说《漏斗户主》(发表于《钟山》1979 年第 2 期)主人公陈奂生的外号。漏斗户,意指常年负债的穷苦人家。

④ 油绳:一种油煎的面食。

⑤ 决分:指生产队年终结算、分红。

⑥ 莳(shì):方言,移植(秧苗)。

⑦ 蔸(dōu):量词,棵,丛。

⑧ 爿(pán):量词,商店、工厂等一家叫一爿。

⑨ 晏(yàn):晚,迟。

⑩ 沈万山:明朝的大富翁。

 思考与探究

1. 比较本文人物心理描写与《项链》的区别。

2. 陈奂生回到队里，地位显著提高，这样的结尾有何深意？

3. 有一篇评论《陈奂生上城》的文章说："面对生活，我们也时常碰到陈奂生式的尴尬，也时常作出陈奂生式的对策，去应付各种新的问题和新的处境，这些问题更多的时候不只是出在吃穿方面，而是精神、思想、观念和价值层次上的。所以我们忘不了他，他是我们这个新旧转型时期的一个烙印，同时还是一个难以言清、难以消除的隐在的痛。"从小说实际联系这段评论，写出你的感想。

专业·语文

等 待 散 场①

刘心武②

课文导读

《等待散场》写了一对青年恋人温馨而又甜蜜的爱情。

小说没有直面写爱情故事里的两个主人公是如何相爱的,而是通过"我",一个旁观者的角度去描述这个故事。"我"去看芭蕾舞剧《天鹅湖》,迟到了,遇见一个在雨中等待的小伙子。故事到这里,读者和"我"都以为这个小伙子是在等待退票。但是,他却是在等待散场的女朋友。

"我"愿意成人之美,把手里的票让给小伙子,让他和恋人在剧场里相会。不料小伙子"很难为情"地拒绝了,以为"她也许会随时提前出来"。可见,小伙子虽然身在剧场外,心却在剧场内,他在忠心守候对方。

"我"只好自己进入剧场,既是意外也是意料之中地在剧场前廊里遇到小伙子的恋人——一位妙龄女郎。女郎虽然身在剧场,心却已然和小伙子在一起了。他们相互守候对方,也守护了圣洁的爱情。

故事结尾,《天鹅湖》里的爱情乐曲回荡,小伙子和恋人虽然没有在一起看舞剧,却以自身的爱恋向世人宣告——爱情是人间永恒的美妙旋律。

已经是晚上九点钟了,我才到达剧场门前。剧场里的芭蕾舞剧《天鹅湖》③肯定已经跳完了如梦如幻的第二幕,而且华丽诡异的第三幕说不定也所剩无多。我是个狂热的芭蕾舞迷,因此,尽管因为业务上的急事耽搁到八点四十分才得以脱身,还是风风火火地钻进出租车赶到剧场。

我出了汽车才感觉到下着小雨。从我下车的地方到通向剧场大门的宽大阶梯还有一小段距离,为了避免淋雨,我从售票处以及相连的平房那儿绕向阶梯,因为那里有挡雨的棚檐。我一边小跑,一边朝剧院大门望去,我觉得那一连串的门扇仿佛都已关闭,根本没有检票的人影了,我是否还能入场呢?惶急中,我忽然撞到一个人的肩膀上,要不是他及时闪避,我们俩说不定都得倒地。

我立足定神一看,是个小伙子,戴着一副眼镜。他的眼珠子在镜片后也细细打

量着我。

"您有票吗？"

我吃了一惊。竟还有比我更痴迷芭蕾舞的。这剧场前的小广场上，只有路灯光下、霏霏细雨中活像巨型甲虫的小汽车，默默地斜趴成一大排，除了我们俩再没别的人影。里面舞台上那最令人眼眩心迷的西班牙舞大概已经跳过，王子正在上黑天鹅的当……一剧已过半，他还在这里等退票！

"我自己要看！"我一边回答他，一边掏我的票。咦，怎么没有？

"不，"那小伙子蔼然地对我说，"我不要您的票，您快进去看吧！"

我从衣兜里掏出一堆名片，从中抽出了那张宝贵的戏票，顺口问："你不看，待在这儿干什么？"

"等散场。等她出来。"

我立刻明白，是一对恋人同来等退票，只等到一张，因此小伙子让姑娘先进去了。我倏地忆及自己的青春，一些当年的荒唐与甜蜜场景碎片般闪动在我心间，我不由得表态："啊，你比我更需要……你进去吧！"

我把票递给他，他接过去，仔细地看了一下排数座号，退给了我。我那张票是头等席，180元一张。他是等我主动打折？我忙表态："不用给钱，快进去吧！"他还是不要，说："您这票的位置……离她太远……"我说："咳，那有什么关系！你可以到她那排，把这个好位置让给她旁边的人……至少，你可先到她那排，告诉她，你也进来了……"他却仍然把我持票的手推开了。

我觉得这个小伙子很古怪。他已然耽搁了我的时间，而且还拂了我的好意，我恼怒得反而不想进剧场了，我很粗暴地说："你有病！"

小伙子很难为情，解释说："我答应在外面等她……她也许会随时提前出来……我还是要在这儿一直等着散场……"说着便扭头朝剧场大门张望，生怕在我们交谈的一瞬间，那姑娘会从门内飘出，而他没能及时迎上去。

我抛开那小伙子，跑向剧场大门。小雨如酥，我险些滑跌在门前台阶上。从每扇门的大玻璃都可以看到前廊里亮着的灯光，可是我推了好几扇门都推不开。后来我发现最边上的一扇是虚掩的，忙推开闪进。前廊里有位女士，我走过去把票递给她，她吃了一惊，迷惘地看看我，摇头，紧跟着前廊与休息厅的收票口那儿走来一位穿制服的人，显然，那才是收票员。他先问那位女士："您不看了吗？"又问我："您是……怎么回事儿？"我发现先遇上的那位女士，不，应该说是一位妙龄女郎，站在前廊门边，隔着玻璃朝外看，我也扭身朝外望去，只见那个小伙子仍在原地，双臂抱在胸前，痴痴地朝剧场大门这边守候着……

从演出区泄出《天鹅湖》最后一景的乐曲，王子与白天鹅的爱情即将冲破恶魔的阻挠而终于圆满。妙龄女郎望着雨丝掩映的那个身影，忽然咬紧嘴唇，眼里闪出异样的光……我站在那儿，摩挲①着鬓边白发，沉浸在永恒的旋律里……

 注释:

① 选自《微型小说选刊》1998年第15期。

② 刘心武(1942—   ),当代作家。

③《天鹅湖》:取材于俄罗斯童话。讲的是王子齐格弗里德在湖畔与被魔王罗特巴尔德施魔法变成白天鹅的公主奥杰塔相遇、相知而相爱,历经磨难有情人终成眷属的故事。这个经典爱情故事由于柴可夫斯基的创作,又成为一部充满诗情画意的经典舞剧。

④ 摩挲(suō):用手抚摩。

 思考与探究

1.《等待散场》主人公是小伙子和妙龄女郎,为什么却要写那么多关于"我"的内容?"我"在文中究竟有什么作用?

2. 文中的故事情节表达了永恒的爱情主题,在此之外我们还可以品味到生活的哪些底蕴?

3.《等待散场》的故事情节虽然简单,但也写得"一波三折"。请结合文章具体说说这一特点。

纯　净　水①

陈建强

 课文导读

在我们的生活和学习中,建立良好的人际关系,得到大家的支持与尊重,无疑对自己的发展有着很大的帮助。一个愉快的学习氛围,不但可以让我们忘记单调和疲倦,也能让我们对生活多一份热爱。

星期一上午,赵大鹏早早地到了办公室,一看手表,哦,早了,离上班时间还有15分钟呢,赵大鹏起身拿着杯子想倒点水,发现饮水机上的圆桶已空空如也。

没水咋办?赵大鹏这才想起前些天头儿交代他要叫水,可他给忘了。就是现在马上叫,也得大半天才能送达。等下头儿来了,看到桶里没水,目光喷出的怒火烧人哪。不如趁同事们都还没到,悄悄地装点自来水进去,烧开的自来水和纯净水

还不是一个样？再说呢，人家隔壁有些单位还不想喝纯净水呢，说纯净水啥东西都给"纯"掉了，没味。

赵大鹏从门口探出了头，向走廊两边瞅了瞅，没人。他神不知鬼不觉地装上满满的一大桶自来水，又栽进了饮水机。

桶里的水看起来清凉得跟纯净水一样，赵大鹏不禁有些洋洋自得了。

水开了，赵大鹏喝了一口杯中冒着热气的水，这水就是从饮水机涓涓流出的自来水。咦，还挺甜哩，和平日里喝的纯净水一个样儿。

但赵大鹏还是有些担心：同事会不会发现桶里怎么突然有水了？他们喝了会不会感觉出什么异样？要是以后他们知道这是他的"杰作"，他们会作何感想呢？

不行，把水倒掉，头儿要发火就让他发吧，赵大鹏打定主意。

赵大鹏再次把头从门口探出，向走廊两边瞅了瞅，糟糕，有人来了！同事小戴和小韩边说着话边朝办公室走来。来不及了，听天由命吧。

同事们陆陆续续地来了，他们到办公室的第一件事就是倒杯水喝上几口。

同事们喝水，赵大鹏就死死地盯着他们看，杯子倾了，喉结动了——真喝了？是喝了！赵大鹏再细察他们的表情，嘿，一切正常，和平日里没啥两样。

这下，赵大鹏才把心放回肚子。

有位女同事喝水时的表情让赵大鹏的心又悬了起来——她在斯文地皱着眉头呢。赵大鹏提着嗓子问，怎……怎么啦？这水有什么不对吗？

那位女同事看了看赵大鹏说，哦，有点……

赵大鹏马上接过话头问，有点什么？

那人感激地笑笑说，有点烫。

原来如此！

赵大鹏居住的小城规划得很好，居住区和商务区划分得一清二楚，东边是居住区，西边是商务区。这样一来，小城的居民上班是远了些，但生活区少了商务区的喧嚣和嘈杂，多了些安静和典雅；商务区少了生活区的温馨和宁静，多了些激烈和紧凑。两个区的供水也都分得清清楚楚，供生活区用水的公司叫城东自来水公司，供商务区用水的公司叫城西自来水公司。

星期四下午，赵大鹏从外头办完事回来，看到大伙儿把头凑在一起议论着什么，脸上都呈现震惊、惶恐之色。赵大鹏思忖着商务区一定又有大事发生了，到办公室后才得到确切消息，一个让赵大鹏目瞪口呆的消息：不得了啦，早上城西自来水公司的水池里发现一条死狗，已经死了两个多月了，发现时已高度腐烂！

赵大鹏的同事们庆幸供生活区用水的城东自来水公司没事，自己在办公室喝的又是纯净水。可庆幸之余就同情起隔壁单位没喝纯净水儿而喝自来水的那些人来，毕竟人家喝了两个多月的"狗肉汤"。

这消息太突然了！赵大鹏听完之后恶心得想吐。不能吐，不能让同事们看出来，千万不能！赵大鹏把从丹田处奔涌上来的股股恶心狠狠地摁压回去。赵大鹏看看那

桶冒着小泡泡还剩有大半桶的自来水,心就觉得万分憋气,一憋气脸就成了猪肝色。

同事们见赵大鹏脸色极不对劲,就关切地问,大鹏你咋了?病了?还是这两个月来你到过隔壁单位串门喝过茶,觉得恶心了?

赵大鹏慌忙遮掩,没事的,只是早上小感风寒……哦,没去……没去喝过。

那天,赵大鹏很晚才下班——整幢楼里就剩他一人后才下班,此前他在夜色掩护下偷偷地把没喝完的自来水倒掉,同时装上一桶纯净水。

赵大鹏觉得在这件事上非常对不起同事们,心里像压了一块铅,沉!

赵大鹏的同事们因没有喝那让人生畏的"狗肉汤",脸上就时常荡漾着微笑。同事们喜不自胜的笑让赵大鹏心里似乎又多塞了一团棉花,既沉又堵!

楼里没喝纯净水的单位在同一时间里都喝上了纯净水,什么有味没味,干净就好,不过那些以前一直喝自来水的人脸都阴得可怕,眼里发出的光能杀人呢。

最近楼上楼下的人见了,问候语成了:你们应该是喝纯净水吧?

后来有人见纯净水店的生意如此之好,门庭若市的,就怀疑,难道那条死狗是这些生意人故意放进去的?紧跟着就有人向有关部门反映。于是各级各部门高度重视,就由某某单位牵头,几家单位联合调查。一个月后,结果终于出来了,原来是阿旺家的那条疯狗钻进破防护网掉进池里溺死的。而调查出来的另一个结果对于整幢楼的人来说,特别是对那些长期神气活现地喝着纯净水的人来说,犹如晴天一声雷,让楼里所有人都想把肠子和胃翻出来洗一洗。

——商务区一家卖纯净水的店铺被工商部门查封了。

——被封的店就是向整幢楼所有人提供纯净水的那家店。

——这家店所供的纯净水仅仅是经过简单处理的自来水。

——这自来水是城西自来水公司浸有一死狗的水池里流出的自来水。

赵大鹏的同事们,楼上楼下喝着纯净水的人,楼里原本喝自来水后又改喝纯净水的人,谁都无法荡漾出微笑了,脸黑得能滴出墨汁来。

不过,怪了。有个人还就笑得出来,谁呀?赵大鹏呗。

同事们看着赵大鹏颇感欣慰的笑,就一头雾水了,难道赵大鹏没喝那水不成?

 注释:

① 本文选自《北京文学》2008 第四期。

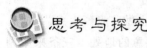 **思考与探究**

1. 如果你就是赵大鹏,你会如何处理这件事?说明你的理由。

2. 如果你所在的小区供水出现了污染,作为物管经理,你该如何向业主解释?包括书面的和口头的。可以采取模拟扮演的方法,一方扮演经理,一方扮演业主。

生活·语文

绝　品^①

谈　歌^②

课文导读

　　谈歌曾经说过："小说因有故事，才有了无穷魅力。"本文就讲述了一个令人难以忘怀的故事。

　　《绝品》表面看来讲述的是收藏书画之事，其真正内涵则在藏画之外，那就是人与人之间的信任，即坦诚、守信。谈歌让我们从"画之绝品"感受"人之绝品"，铸造我们重信义、守诺言的高尚人品。课文中的刘三爷和常先生，一个是经营绸缎的富户，一个是手艺高超的装裱店老板，两人在酒楼认识，彼此的真诚赢得了相互的信赖。文章题目为《绝品》，实则是指装裱的手艺为绝品，常先生和刘三爷的友谊与信任为绝品，常先生、刘三爷、王商人的人品为绝品，以及文中的唐代珍品的那幅画为绝品。"绝品"的流传，正是中华民族传统美德的流传。

　　作品善于借助故事情节的发展和人物的语言来表明作品的倾向性，故事情节波澜起伏，人物形象鲜明，阅读时要好好体会。

　　民国初年，保定城南有一家装裱店，店主姓常，三十几岁，穿长袍，很斯文，人叫他常先生。

　　常先生没有雇佣伙计，自己装裱字画，手艺很神，一些模样落魄的旧字画到了他的手里，一经装裱，便神气崭新。

　　常先生是外埠人，几年前到了保定，开了这店。常先生无有家室，常常一个人到保定望湖楼来饮酒。常先生善饮，久之便与刘三爷相熟了。

　　刘三爷是保定富户，三代经营绸缎，颇有些家财，闲来也做些收藏生意。

　　三爷是望湖楼的常客，保定的酒楼茶肆是富商们谈生意的地处。三爷来望湖楼是奔生意而来。三爷不饮酒，上楼只喊一壶茶。有时没有生意，三爷便与常先生闲聊神侃^③。常先生学问大，善谈。三爷考过秀才，饱学，两人渐渐谈得入港^④，由此熟了，三爷就常常到常先生店里购些字画收藏，常先生也偶尔推荐一些字画给三

爷。三爷爽快,凡是常先生推荐的,一概买下,且从不斩价。三爷的娘子马氏放心不下,瞒着三爷,让下人拿着字画到京城找行家鉴定。皆货真价实。如此几回,马氏也就不再疑。三爷后来知道,就讥笑:"妇人之见。"

那天,三爷又与常先生在酒楼闲侃,侃了一会儿,三爷就问:"我真是不懂,今天冒失地问一句,先生目力老到,辨得真伪优劣,如何不做些收藏生意?"

常先生呷一口酒,笑道:"凡事依性情而定。三爷是聚财的性子,我是散财的脾气,好东西到了我手里,只怕是日后嘴馋挨不住,要换了酒吃的。"说完,就笑。

三爷也笑了。

常先生左右看看,凑近三爷,低了声音道:"我手上现有一张古画,主顾要大价钱。我劝三爷吃进,三爷可否有意?"

三爷笑道:"先生替我看中,买进便是。但不知那边开价多少?"

常先生道:"三千大洋。"

"三千?"三爷倒吸一口气,就有些口软。

常先生笑道:"我仔细看过,此画实为无价之宝,唐代珍品。委实是主顾急着用钱,才忍痛抛出,三爷不可错过机会。"

三爷点点头:"既然先生已经认定,我明日凑足银子就是。"

常先生又道:"三爷若收下此画,万不可示人。若是有人开价,出多少也是不能卖的啊。"

三爷看常先生一脸郑重,点头说记下了。

三爷回家告诉了马氏,让马氏去凑足大洋。

马氏听得呆了:"什么宝贝?值这么多?"

三爷道:"常先生看中,断不会错的,你莫要再多言了。"

第二天,常先生携一布包,来到三爷家中。三爷屏去下人,又关门闭窗,常先生才打开布包,里边又是布包,如此四五层,最后取出一幅画来。打开,那纸已泛深黄。但托裱一新。

三爷埋头看画,却看不出名堂。抬头淡然一笑:"刘某眼拙,还望常先生指点。"

常先生笑了笑,就把画卷好,重新包裹严密,双手交与三爷,郑重说一句:"三爷啊,善待此画。我不再多说,此画价值连城,悉心藏之啊。"

三爷也庄重接下:"刘某记下了。"就喊进马氏,取来三千大洋的银票,交与常先生。

常先生就告辞。

第二天,三爷刚刚起床,下人来告,说常先生的店铺被官府抄了,已查封,常先生也不在店里。

三爷惊了脸,半晌⑤说不出话来。

常先生从此失踪,保定街上便传常先生原是江洋大盗,犯了重案,改名换姓,来

保定藏身。三爷听过，无动于衷⑥。

又过了些日子，马氏终是放心不下那幅画，差下人到京城请来一位古董行家，鉴定那幅画。

那行家认真看过，一阵无语之后，长叹一声："此画不假，可惜是揭品，便不值几文了。"

三爷一怔，忙问何为揭品。

行家道："所谓揭品，即一张画分两层揭开，这非一般作假者所能为之。此画更为厉害的是，将一张画揭为两张，且不露一点痕迹。这张是下边的一层，不值钱的。但此画揭得平展，无痕，匀称，也算得上世上罕见的装裱高手所为了。"

三爷听得发呆，许久，点头称是，就送走了古董行家。

马氏忍不住心疼地骂起来："姓常的黑心，坑了咱三千大洋啊。"

三爷登时沉下脸："不可胡说，我与常先生非一日之交，他坦荡爽直，怎么会哄骗我。千虑一失，或许常先生走了眼。即使常先生知此内情，也或许另有难言之隐，不可怪他。"

马氏就不敢再说。

这年冬天，常先生竟又回到保定。夜半敲动三爷家的门。三爷的下人急忙来报。

三爷大喜过望，披衣起床，忙不迭⑦喊下人摆下酒席。

二人相对坐下，刚刚要举杯，马氏进来，讥笑道："常先生果真走了眼力，卖与我家老爷一张好画？"

常先生一愣，旋即大笑起来。

三爷怒瞪了马氏一眼，也笑："不提不提，吃酒吃酒。"

常先生喝了一会儿酒，叹道："我与三爷相交多年，甚是投缘。或许就今夜一别，再不能相见了。"

三爷道："常先生何出此言？我观先生举止不凡，将来或许能成大事啊。"

常先生哈哈笑："多谢三爷夸奖。"就大杯痛饮，十分豪气。

喝罢酒，天已微明，常先生就告辞。

三爷依依不舍："常先生何日再回保定？"

常先生慨然一叹："三爷啊，人在江湖，身不由己啊。"说罢，重重地看了三爷一眼，拱拱手，大步出门去了，并不回头。

三爷急急地送出门去，在晨雾中怔怔地呆了半晌。

再一年，三爷店铺中的伙计到京城办货，回来后战战兢兢地告诉三爷，说亲眼见常先生在京城被砍了头，罪名是革命党。临行前常先生哈哈大笑，面色如常。

三爷听得浑身一颤，坐在椅子上一动不动，泪就淌下来，直打湿了衣襟。

马氏听了，一声冷笑："真是报应，那次被他坑去了三千大洋。"

三爷暴喝一声，直如猛虎一般。

马氏一哆嗦，不敢再说，悄悄退下去了。

入夜，三爷独自关在房中，把所有常先生帮他买下的字画，二十余幅，挂在了房中，呆呆地看。看久了，就含了泪，叹一声。直看到天光大亮，才一一摘下，悉心收起。

又过了几年，战祸迭起，三爷的生意便不再好做。后来军阀在保定开战，一场大火，三爷的店铺皆烧尽。祸不单行，又一年，三爷又让土匪绑了票，索去许多财物，一个大大的家业败落下来，三爷也病倒在了床上。

这一年冬天，保定来了一个姓王的商人，收购古董字画。马氏就瞒着三爷，把三爷的收藏拿去卖了。下人偷偷地告诉了三爷，三爷大怒，让下人喊来马氏。

三爷黑下脸怒问："你怎么敢去卖常先生帮我买进的字画？"

马氏便落泪哀告："家中已经败落到这步田地，我拿去换些钱，也好度日啊。"

三爷看看马氏，许久，长叹一声，无力地摆摆手："你也不易，我不再多说了。"就让马氏取来卖字画的钱，颤颤地下了床，拄一根拐杖，顶着细细的雪花，到客栈去寻那姓王的商人。

王商人听了三爷的来意，皱眉道："已成交，怎好反悔？"

三爷摇头叹道："好羞惭人了。先生有所不知，这些字画，都是一位朋友帮我买进，说好不卖的。"就把常先生的事情细细说了一遍。

王商人听得呆了，愣愣地点点头，就把字画退给了三爷。

三爷谢过，把钱退了，让下人提来一捆字画告辞。

王商人送到客栈门前，忍不住叮嘱一句："刘先生，这些字画大多是国宝，还望您悉心收好才是啊。"

三爷一怔，回转身笑问："敢问其中一幅唐代珍品，不知真伪如何？先生慧眼，请指教一二。"

王商人笑道："那幅画为宝中之宝，实为揭裱后倒装置了。"

三爷忙问："何为倒装置？"

王商人道："所谓倒装置，即把原画揭为三层，后倒装裱。我猜想装裱者担心此画被人夺走，才苦心所为。此画装裱实为绝技，天下一流。论其装裱，更是绝品。古人云，画赖装池®以传。果然是了。"

三爷听得迷了，就问："先生可能复原？"

王商人摇头叹息："若复原，怕是要有绝代高手才行。我家三代做收藏生意，父辈只说过有倒揭两层者的绝技，不曾想还有倒揭三层者的，今日算是开了眼界。"

三爷点点头，又问一句："王先生做收藏生意，不知收藏可卖？"

王商人正色道："不敢。祖上有训，饿死不卖收藏。"

三爷微微笑了，赞叹一句："好。"就让下人把那捆字画交与王商人："这捆画，我

送与先生了。"

王商人愣住："刘先生此为何意？"

三爷郑重地再说一句："我送与先生收藏。"

"如何使得？使、使、使不得啊。"王商人惊了脸，口吃起来。

三爷叹道："我自知不久人世，已无意收藏。这些都是国宝，我恐家人不屑。送与先生收藏，我终于算是对得住常先生了。"就唱一个喏⑨，转身走了。

门外已经是满天大雪。

王商人追出门来，呆呆地看刘三爷由下人搀扶着一路去了。

雪，哑哑地落着。

四野一时无声。

注释：

① 选自《长城》2002年第5期。有改动。

② 谈歌，当代作家。

③ 侃(kǎn)：闲谈。

④ 入港：(交谈)投机。

⑤ 半晌(shǎng)：半天。

⑥ 无动于衷：心里一点也没有触动，一点也不动心。

⑦ 不迭(dié)：表示急忙或来不及。

⑧ 装池：装裱亦称"装潢""装池""装治"等。

⑨ 唱一个喏(rě)：作揖(在早期白话，"唱喏"是一面作揖，一面出声致敬)。

思考与探究

1. 朗读课文，根据自己的理解，用概括的语句进行填写。

(1) 故事的开端：

(2) 故事的发展：

(3) 故事的高潮和结局：

2. 课文的标题"绝品"有什么含义？请结合课文内容谈谈看法。

3. 文中刘三爷既然相信常先生，为什么又向王商人询问古画的真伪？这一情节设置是不是与三爷的性格矛盾呢？

4. 请细细品味课文结尾，这里的自然环境描写有什么表达作用？这样结尾有什么好处？

 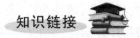

复 述

复述是指在理解和记忆的基础之上,根据一定的要求,把听到的话语或读到的文字资料进行整理和加工,有重点、有条理、有感情地把内容再现出来的一种表达方式。它融理解、记忆、归纳、表达于一体,是人们日常工作生活中不可或缺的一种基本能力。

复述分为详细复述、简要复述和创造性复述。

一、详细复述

详细复述是一种最接近原作的较详细的复述,要严格遵照原来材料的内容、顺序和结构,用自己的话完整、准确、清楚地将原材料的内容原原本本地表述出来。要抓住内容的重点,注意某些细节,能运用原作中的经典词句,用自己的话组织复述语言。

详细复述的基本方法如下。

1. 听清看明,充分理解。无论复述的内容来自于书报、广播、电视、电影还是听人讲述的,都要看听仔细,充分熟悉和理解所要复述的内容,不要发生错漏,以致以讹传讹,在充分理解记忆的基础上对文章进行加工和整理。

2. 选择记忆,列出要点。对于复述的内容,不可能全部记得一清二楚,要选择重要的内容记忆,在心中列出要点,可以利用提纲、关键词或启发性词语,最后用自己的语言把信息传递给别人。

3. 从简到繁,由易到难。

二、简要复述

简要复述是在总体把握原有材料的基础之上,经过分析、综合、概括出中心、主干、要点,简明扼要地复述出原始资料的基本内容。可以按照原材料的次序删去那些次要的、解释性的或描述性的部分,然后概括作品的主要内容,前后连贯起来进行复述。

简要复述要求注意:要做到简明扼要,根据不同的要求进行不同程度的简略,不能偏离原作的中心或改变原作的意思。

三、创造性复述

创造性复述是指在原作的基础之上,加上一定的想象和创造而进行的一种复述。创造性复述可以对原作有较大的改动,改变顺序、补充发展情节、改变角度、变换结构、改变人称、改变体裁、增删内容等都是创造性复述的具体方法。

创造性复述要求注意:创造性复述的想象和创造必须合乎情理,必须以原作为基础,不能信口开河,胡编乱造,任意发挥。所谓的"合理",指的是加工、想象的内容与原材料的内容吻合,不发生矛盾;所谓的"加工",指的是对原材料中没有展开的内容有选择地进行发挥,类似于写作方法训练中的扩写,要求对材料全面把握后,运用自己丰富合理的想象,增加一些内容,使其更生动、更完整,增强复述内容的感染力,更好地表现主题和重点。

传一传 更精彩

学生基本掌握本单元小说情节后,全班同学一起传一传,复述本单元小说情节,学生在复述的活动过程中,巩固本单元小说知识,熟练运用复述技巧。

活动目的

1. 了解复述的重要性,体会和理解复述的含义和方法,掌握复述的要求,并能恰当地运用复述的基本技巧。

2. 加深对课文整体理解,锻炼记忆能力、理解能力和语言表达能力,激发想象和联想能力,提高写作水平。

3. 培养口语表达自信心,提高文化素养和审美情趣,提升社会交际能力。

一、活动前任务

1. 了解复述的相关知识。

2. 搜集语言积累方法。

3. 重新阅读本单元文本。

二、活动实施形式

班级小组竞赛或成果展示汇报会。

三、活动实施内容

以下五个活动内容,教师可以根据本班具体情况,合理选择,自由组合。

（一）鹦鹉巧学舌

用最快的速度，准确无误地把信息以接力的形式由第一个人传给最后一个人的小组为获胜小组。所传递信息由简到繁，逐步增加难度。

（二）实战齐参与

结合各个专业不同的特点，由大家共同参与搜集或制作复述需要的音视频资料。

播放音视频资料，复述音视频的主要内容，由短到长，逐步增加难度，比比看谁的复述更精彩。

（三）复述大比拼

选择一篇本单元所选取的小说，根据所给出的复述"知识链接"选择一种复述形式进行复述。

拓展作业：将复述内容整理成文本。

（四）以书会友乐

小组共同阅读一部情节精彩的小说，在小组内对小说内容进行复述。小组集合讨论，形成最具感染力的复述文本，在全班进行分享汇报。

拓展作业：将汇报内容整理成文本。

（五）情节梦工厂

全班同学或老师指定本单元的一篇小说，各小组运用头脑风暴法，集思广益，对小说情节进行创造性复述。

拓展作业：将复述内容整理成文本。

语文综合实践活动学习小组评价表

评价项目	评价内容	评价结果		
		优秀	良好	待努力
学习态度	对学习始终抱有极大热情,认真对待,积极参与			
学习方法	找到适合的方法,能与其他小组交换、共享信息,善于请教			
组织合作	分工明确、合理,配合默契			
工作能力	信息筛选、整理、加工			
	多媒体制作			
	成果展示			
	创新			
	沟通协调			
学习反思	最大的收获是什么?活动中有遗憾吗?谈谈此次学习活动的感受吧!			

单元学习小档案

序号	项　　目	内　　容	备　　注
1	单元作家谈		
2	单元新字词		
3	成语巧积累		
4	单元找佳句		
5	佳句我来写		
6	单元我最爱		
7	巧用网络搜		
8	单元练习我来出		
9	单元学习小疑问		
10	单元学习来拾趣		
11	意外小收获		
12	学习小建议		
注	1. 佳句我来写：对你所选出的单元佳句进行仿写，创造属于自己的佳句。 2. 单元我最爱：单元学习结束后，选出一篇你最喜欢的文章。 3. 巧用网络搜：查找一篇你喜欢的，并与本单元体裁相同的文章，可以小组内或全班分享。 4. 单元练习我来出：结合本单元的学习内容，为自己出一个单元过关测试题。 5. 单元学习来拾趣：谈谈自己在本单元学习中遇到了哪些有趣的事。		

单元五　戏 剧 文 学

单元导语

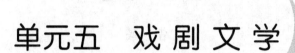

生活与戏剧

　　艺术源于生活而高于生活,戏剧艺术也是如此。当我们发现一个人虚伪并善于伪装时,我们会说"你真会演戏";当我们经历了波澜起伏、出乎意料的事情时,往往会说"就像演戏一样";当我们欣赏当代戏剧时,也许会惊讶地发现,剧中的故事、矛盾、人物甚至对白是你曾经见过、听过或者经历过的。戏剧艺术源于生活,优秀的戏剧作品,能带领我们领略风土人情、感受生活的气息、体悟人生的冷暖、感受时代的脉搏……

　　《雷雨》是中国现代戏剧大师曹禺先生的代表作,深刻地反映了 20 世纪 30 年代中国半封建半殖民地的社会现实。作品以周朴园为中心,编织了阶级、情感等错综复杂的矛盾冲突,通过周朴园自认为的美满家庭的分崩离析,预示了在半封建半殖民地社会沉闷的空气里,一场社会大变革的雷雨即将到来。《威尼斯商人》是莎士比亚喜剧系列中第一个以较多的现实主义手法表现社会阴暗面的优秀作品。作者站在人文主义的立场上,歌颂纯洁的爱情和无私的友谊,批判高利贷者的贪婪与残酷,对遭受种族歧视的犹太人给予同情。《海底总动员》是 2003 年广受欢迎的迪斯尼动画片,用小丑鱼的历险故事演绎当代美国人的生活,片中所表达的勇敢、团结和冒险精神是对所谓"美国精神"的"宣扬"。小品《装修》和《邻居》更像是发生在我们身边的"真实故事",让观众们在笑声中反思现代都市生活中的"不和谐"现象。《立秋》于 2004 年首演至今,观众超过 40 万人,被专家学者誉为"新世纪中国话剧的里程碑"。该剧所有故事情节发生在一天之内,剧情跌宕起伏,扣人心弦,高潮迭起,催人泪下,特别是剧中弘扬的"勤奋、敬业、谨慎、诚信"的核心价值理念,无一不是当代中国社会所呼唤的道德追求。

经典·语文

雷雨①（节选）

曹禺

课文导读

　　《雷雨》反映的是一个封建资产阶级大家庭的矛盾。周朴园是这个大家庭的统治者，其妻繁漪不堪他的专横，与周朴园的大儿子周萍发生了暧昧关系。怯懦、自私的周萍又勾引了婢女鲁四凤。出于嫉妒，繁漪通知鲁四凤的母亲鲁侍萍把女儿领走。鲁侍萍正是三十年前被周朴园引诱而后又被遗弃的侍女，她是周萍的亲生母亲，而被她带走的儿子鲁大海又在周朴园的矿上做工，作为罢工工人的代表，他和周朴园面对面地展开斗争……这些矛盾酝酿、激化，终于在一个"天气更阴沉、更郁热，低沉潮湿的空气，使人异常烦躁"的下午趋向高潮，又经过一番复杂的矛盾冲突，周萍、鲁四凤终于知道他们原来是同母兄妹。于是一场悲剧发生了，鲁四凤触电而死，繁漪的儿子周冲为救鲁四凤不幸送命，周萍也开枪自杀……这个充满罪恶的大家庭终于崩溃了。

　　曹禺，原名万家宝，1910 年生，湖北潜江人。他从小爱好戏剧，1929 年考进南开大学，后来又转入清华大学外语系，毕业后进入清华研究院，专攻欧美戏剧文学，并从文学中汲取营养。1933 年，在即将结束大学生活时，完成处女作《雷雨》。这个剧本在 1934 年出版的《文学季刊》上发表。继《雷雨》之后，又写出《日出》、《北京人》、《原野》、《蜕变》等剧本。《雷雨》、《日出》成就最高，是他的代表作。在这两个剧本中，作者以卓越的艺术才能深刻地描绘了旧制度必然崩溃的图景，对于走向没落和死亡的阶级给予了有力的揭露和抨击，剧作震动了当时的戏剧界。1942 年，曹禺把巴金的小说《家》改编成话剧。新中国成立后，他还创作了《明朗的天》、《胆剑篇》、《王昭君》等剧作。

　　[仆人下。周朴园点着一支吕宋烟，看见桌上的雨衣。]

　　周朴园：(向鲁侍萍)这是太太找出来的雨衣么？

　　鲁侍萍：(看着他)大概是的。

　　周朴园：(拿起看看)不对，不对，这都是新的。我要我的旧雨衣，你回头跟太

太说。

鲁侍萍：嗯。

周朴园：(看她不走)你不知道这间房子底下人不准随便进来么？

鲁侍萍：(看着他)不知道，老爷。

周朴园：你是新来的下人？

鲁侍萍：不是的，我找我的女儿来的。

周朴园：你的女儿？

鲁侍萍：四凤是我的女儿。

周朴园：那你走错屋子了。

鲁侍萍：哦。——老爷没有事了？

周朴园：(指窗)窗户谁叫打开的？

鲁侍萍：哦。(很自然地走到窗前，关上窗户，慢慢地走向中门。)

周朴园：(看她关好窗门，忽然觉得她很奇怪)你站一站，(鲁侍萍停)你——你
　　　贵姓？

鲁侍萍：我姓鲁。

周朴园：姓鲁。你的口音不像北方人。

鲁侍萍：对了，我不是，我是江苏的。

周朴园：你好像有点无锡口音。

鲁侍萍：我自小就在无锡长大的。

周朴园：(沉思)无锡？嗯，无锡，(忽而)你在无锡是什么时候？

鲁侍萍：光绪二十年，离现在有三十多年了。

周朴园：哦，三十年前你在无锡？

鲁侍萍：是的，三十多年前呢，那时候我记得我们还没有用洋火呢。

周朴园：(沉思)三十多年前，是的，很远啦，我想想，我大概是二十多岁的时候。
　　　那时候我还在无锡呢。

鲁侍萍：老爷是那个地方的人？

周朴园：嗯，(沉吟)无锡是个好地方。

鲁侍萍：哦，好地方。

周朴园：你三十年前在无锡么？

鲁侍萍：是，老爷。

周朴园：三十年前，在无锡有一件很出名的事情——

鲁侍萍：哦。

周朴园：你知道么？

鲁侍萍：也许记得，不知道老爷说的是哪一件？

周朴园：哦，很远的，提起来大家都忘了。

鲁侍萍：说不定，也许记得的。

周朴园：我问过许多那个时候到过无锡的人，我也派人到无锡打听过。可是那个时候在无锡的人，到现在不是老了就是死了，活着的多半是不知道的，或者忘了。

鲁侍萍：如若老爷想打听的话，无论什么事，无锡那边我还有认识的人，虽然许久不通音信，托他们打听点事情总还可以的。

周朴园：我派人到无锡打听过。——不过也许凑巧你会知道。三十年前在无锡有一家姓梅的。

鲁侍萍：姓梅的？

周朴园：梅家的一个年轻小姐，很贤惠，也很规矩，有一天夜里，忽然地投水死了，后来，后来，——你知道么？

鲁侍萍：不敢说。

周朴园：哦。

鲁侍萍：我倒认识一个年轻的姑娘姓梅的。

周朴园：哦？你说说看。

鲁侍萍：可是她不是小姐，她也不贤惠，并且听说是不大规矩的。

周朴园：也许，也许你弄错了，不过你不妨说说看。

鲁侍萍：这个梅姑娘倒是有一天晚上跳的河，可是不是一个，她手里抱着一个刚生下三天的男孩，听人说她生前是不规矩的。

周朴园：（苦痛）哦！

鲁侍萍：她是个下等人，不很守本分的。听说她跟那时周公馆的少爷有点不清白，生了两个儿子。生了第二个，才过三天，忽然周少爷不要她了，大孩子就放在周公馆，刚生的孩子抱在怀里，在年三十夜里投河死的。

周朴园：（汗涔涔地）哦。

鲁侍萍：她不是小姐，她是无锡周公馆梅妈的女儿，她叫侍萍。

周朴园：（抬起头来）你姓什么？

鲁侍萍：我姓鲁，老爷。

周朴园：（喘出一口气，沉思地）侍萍，侍萍，对了。这个女孩子的尸首，说是有一个穷人见着埋了。你可以打听得她的坟在哪儿么？

鲁侍萍：老爷问这些闲事干什么？

周朴园：这个人跟我们有点亲戚。

鲁侍萍：亲戚？

周朴园：嗯，——我们想把她的坟墓修一修。

鲁侍萍：哦——那用不着了。

周朴园：怎么？

鲁侍萍:这个人现在还活着。

周朴园:(惊愕)什么?

鲁侍萍:她没有死。

周朴园:她还在?不会吧?我看见她河边上的衣服,里面有她的绝命书。

鲁侍萍:她被一个慈善的人救活了。

周朴园:哦,救活啦?

鲁侍萍:以后无锡的人是没见着她,以为她那夜晚死了。

周朴园:那么,她呢?

鲁侍萍:一个人在外乡活着。

周朴园:那个小孩呢?

鲁侍萍:也活着。

周朴园:(忽然立起)你是谁?

鲁侍萍:我是这儿四凤的妈,老爷。

周朴园:哦。

鲁侍萍:她现在老了,嫁给一个下等人,又生了个女孩,境况很不好。

周朴园:你知道她现在在哪儿?

鲁侍萍:我前几天还见着她!

周朴园:什么?她就在这儿?此地?

鲁侍萍:嗯,就在此地。

周朴园:哦!

鲁侍萍:老爷,你想见一见她么?

周朴园:(连忙)不,不,谢谢你。

鲁侍萍:她的命很苦。离开了周家,周家少爷就娶了一位有钱有门第的小姐。她一个单身人,无亲无故,带着一个孩子在外乡,什么事都做:讨饭,缝衣服,当老妈,在学校里伺候人。

周朴园:她为什么不再找到周家?

鲁侍萍:大概她是不愿意吧。为着她自己的孩子,她嫁过两次。

周朴园:嗯,以后她又嫁过两次。

鲁侍萍:嗯,都是很下等的人。她遇人都很不如意,老爷想帮一帮她么?

周朴园:好,你先下去。让我想一想。

鲁侍萍:老爷,没有事了?(望着周朴园,眼泪要涌出)老爷,您那雨衣,我怎么说?

周朴园:你去告诉四凤,叫她把我樟木箱子里那件旧雨衣拿出来,顺便把那箱子里的几件旧衬衣也捡出来。

鲁侍萍:旧衬衣?

周朴园：你告诉她在我那顶老的箱子里，纺绸的衬衣，没有领子的。

鲁侍萍：老爷那种绸衬衣不是一共有五件？您要哪一件？

周朴园：要哪一件？

鲁侍萍：不是有一件，在右袖襟上有个烧破的窟窿，后来用丝线绣成一朵梅花补上的？还有一件——

周朴园：（惊愕）梅花？

鲁侍萍：还有一件绸衬衣，左袖襟也绣着一朵梅花，旁边还绣着一个萍字。还有一件——

周朴园：（徐徐立起）哦，你，你，你是——

鲁侍萍：我是从前伺候过老爷的下人。

周朴园：哦，侍萍？（低声）是你？

鲁侍萍：你自然想不到，侍萍的相貌有一天也会老得连你都不认识了。

周朴园：你——侍萍？（不觉地望望柜上的相片，又望鲁侍萍。）

鲁侍萍：周朴园，你找侍萍么？侍萍在这儿。

周朴园：（忽然严厉地）你来干什么？

鲁侍萍：不是我要来的。

周朴园：谁指使你来的？

鲁侍萍：（悲愤）命，不公平的命指使我来的！

周朴园：（冷冷地）三十年的工夫你还是找到这儿来了。

鲁侍萍：（愤怨）我没有找你，我没有找你，我以为你早死了。我今天没想到到这儿来，这是天要我在这儿又碰见你。

周朴园：你可以冷静点。现在你我都是有子女的人，如果你觉得心里有委屈，这么大年纪，我们先可以不必哭哭啼啼的。

鲁侍萍：哭？哼！我的眼泪早哭干了，我没有委屈，我有的是恨，是悔，是三十年一天一天我自己受的苦。你大概已经忘了你做的事了！三十年前，大年三十的晚上我生下你的第二个儿子才三天，你为了要赶紧娶那位有钱有门第的小姐，你们逼着我冒着大雪出去，要我离开你们周家的门。

周朴园：从前的恩怨，过了几十年，又何必再提呢？

鲁侍萍：那是因为周大少爷一帆风顺，现在也是社会上的大人物。可是自从我被你们家赶出来以后，我没有死成，我把我的母亲可给气死了，我亲生的两个孩子你们家里逼着我留在你们家里。

周朴园：你的第二个孩子你不是已经抱走了么？

鲁侍萍：那是你们老太太看着孩子快死了，才叫我抱走的。（自语）哦，天哪，我觉得我像在做梦。

周朴园:我看过去的事不必再提了吧。

鲁侍萍:我要提,我要提,我闷了三十年了!你结了婚,就搬了家,我以为这一辈子也见不着你了;谁知道我自己的孩子个个命定要跑到周家来,又做我从前在你们家做过的事。

周朴园:怪不得四凤这样像你。

鲁侍萍:我伺候你,我的孩子再伺候你生的少爷们。这是我的报应,我的报应。

周朴园:你静一静。把脑子放清醒点。你不要以为我的心是死了,你以为一个人做了一件于心不忍的事就会忘了么?你看这些家具都是你从前最喜欢的东西,多少年我总是留着,为着纪念你。

鲁侍萍:(低头)哦。

周朴园:你的生日——四月十八——每年我总记得。一切都照着你是正式嫁过周家的人看,甚至于你因为生萍儿,受了病,总要关窗户,这些习惯我都保留着,为的是不忘你,弥补我的罪过。

鲁侍萍:(叹一口气)现在我们都是上了年纪的人,这些话请你也不必说了。

周朴园:那更好了。那么我们可以明明白白地谈一谈。

鲁侍萍:不过我觉得没有什么可谈的。

周朴园:话很多。我看你的性情好像没有大改,——鲁贵像是个很不老实的人。

鲁侍萍:你不要怕。他永远不会知道的。

周朴园:那双方面都好。再有,我要问的,你自己带走的儿子在哪儿?

鲁侍萍:他在你的矿上做工。

周朴园:我问,他现在在哪儿?

鲁侍萍:就在门房等着见你呢。

周朴园:什么?鲁大海?他!我的儿子?

鲁侍萍:就是他!他现在跟你完完全全是两样的人。

周朴园:(冷笑)这么说,我自己的骨肉在矿上鼓励罢工,反对我!

鲁侍萍:你不要以为他还会认你做父亲。

周朴园:(忽然)好!痛痛快快的!你现在要多少钱吧?

鲁侍萍:什么?

周朴园:留着你养老。

鲁侍萍:(苦笑)哼,你还以为我是故意来敲诈你,才来的么?

周朴园:也好,我们暂且不提这一层。那么,我先说我的意思。你听着,鲁贵我现在要辞退的,四凤也要回家。不过——

鲁侍萍:你不要怕,你以为我会用这种关系来敲诈你么?你放心,我不会的。大后天我就会带四凤回到我原来的地方。这是一场梦,这地方我绝对

不会再住下去。

周朴园：好得很，那么一切路费，用费，都归我担负。

鲁侍萍：什么？

周朴园：这于我的心也安一点。

鲁侍萍：你？（笑）三十年我一个人都过了，现在我反而要你的钱？

周朴园：好，好，好，那么，你现在要什么？

鲁侍萍：（停一停）我，我要点东西。

周朴园：什么？说吧？

鲁侍萍：（泪满眼）我——我——我只要见见我的萍儿。

周朴园：你想见他？

鲁侍萍：嗯，他在哪儿？

周朴园：他现在在楼上陪着他的母亲看病。我叫他，他就可以下来见你。不
　　　　过是——

鲁侍萍：不过是什么？

周朴园：他很大了。

鲁侍萍：（追忆）他大概是二十八了吧？我记得他比鲁大海只大一岁。

周朴园：并且他以为他母亲早就死了的。

鲁侍萍：哦，你以为我会哭哭啼啼地叫他认母亲么？我不会那么傻的。我难道
　　　　不知道这样的母亲只给自己的儿子丢人么？我明白他的地位，他的教
　　　　育，不容他承认这样的母亲。这些年我也学乖了，我只想看看他，他究
　　　　竟是我生的孩子。你不要怕，我就是告诉他，白白地增加他的烦恼，他
　　　　自己也不愿意认我的。

周朴园：那么，我们就这样解决了。我叫他下来，你看一看他，以后鲁家的人永
　　　　远不许再到周家来。

鲁侍萍：好，希望这一生不要再见你。

周朴园：（由衣内取出皮夹的支票，签好）很好，这是一张五千块钱的支票，你可
　　　　以先拿去用，算是弥补我一点罪过。

鲁侍萍：（接过支票）谢谢你。（慢慢撕碎支票）

周朴园：侍萍。

鲁侍萍：我这些年的苦不是你拿钱就算得清的。

周朴园：可是你——

［外面争吵声。鲁大海的声音："放开我，我要进去。"三四个男仆声："不成，不
成，老爷睡觉呢。"门外有男仆等与鲁大海的挣扎声。］

周朴园：（走至中门）来人！（仆人由中门进）谁在吵？

仆　人：就是那个工人鲁大海！他不讲理，非见老爷不可。

周朴园：哦。(沉吟)那你就叫他进来吧。等一等,叫人到楼上请大少爷下楼,
我有话问他。

仆　人：是,老爷。

[仆人由中门下。]

周朴园：(向鲁侍萍)侍萍,你不要太固执。这一点钱你不收下,将来你会后
悔的。

鲁侍萍：(望着他,一句话也不说。)

[仆人领着鲁大海进,鲁大海站在左边,三四仆人立一旁。]

鲁大海：(见鲁侍萍)妈,您还在这儿?

周朴园：(打量鲁大海)你叫什么名字?

鲁大海：(鲁大海笑)董事长,您不要向我摆架子,您难道不知道我是谁么?

周朴园：你? 我只知道你是罢工闹得最凶的工人代表。

鲁大海：对了,一点儿也不错,所以才来拜望拜望您。

周朴园：你有什么事吧?

鲁大海：董事长当然知道我是为什么来的。

周朴园：(摇头)我不知道。

鲁大海：我们老远从矿上来,今天我又在您府上门房里从早上六点钟一直等到
现在,我就是要问问董事长,对于我们工人的条件,究竟是允许不
允许?

周朴园：哦,——那么,那三个代表呢?

鲁大海：我跟你说吧,他们现在正在联络旁的工会呢。

周朴园：哦,——他们没告诉你旁的事情么?

鲁大海：告诉不告诉与你没有关系。——我问你,你的意思,忽而软,忽而硬,
究竟是怎么回事?

[周萍由饭厅上,见有人,即想退回。]

周朴园：(看周萍)不要走,萍儿!(望鲁侍萍,鲁侍萍知萍为其子,眼泪汪汪地
望着他。)

周　萍：是,爸爸。

周朴园：(指身侧)萍儿,你站在这儿。(向鲁大海)你这么只凭意气是不能交涉
事情的。

鲁大海：哼,你们的手段,我都明白。你们这样拖延时候,不过是想去花钱收买
少数不要脸的败类,暂时把我们骗在这儿。

周朴园：你的见地也不是没有道理。

鲁大海：可是你完全错了。我们这次罢工是团结的,有组织的。我们代表这次
来,并不是来求你们。你听清楚,不求你们。你们允许就允许;不允

许，我们一直罢工到底，我们知道你们不到两个月整个地就要关门的。

周朴园：你以为你们那些代表们，那些领袖们都可靠吗？

鲁大海：至少比你们只认识洋钱的结合要可靠得多。

周朴园：那么我给你一件东西看。

[周朴园在桌上找电报，仆人递给他；此时周冲偷偷由左书房进，在旁偷听。]

周朴园：（给鲁大海电报）这是昨天从矿上来的电报。

鲁大海：（拿过去看）什么？他们又上工了。（放下电报）不会，不会。

周朴园：矿上的工人已经在昨天早上复工，你当代表的反而不知道么？

鲁大海：（惊，怒）怎么矿上警察开枪打死三十个工人就白打了么？（又看电报，
忽然笑起来）哼，这是假的。你们自己假作的电报来离间我们的。
（笑）哼，你们这种卑鄙无赖的行为！

周　萍：（忍不住）你是谁？敢在这儿胡说？

周朴园：萍儿！没有你的话。（低声向鲁大海）你就这样相信你那同来的几个
代表么？

鲁大海：你不用多说，我明白你这些话的用意。

周朴园：好，那我把那复工的合同给你瞧瞧。

鲁大海：（笑）你不要骗小孩子，复工的合同没有我们代表的签字是不生效
力的。

周朴园：哦，（向仆人）合同！（仆人由桌上拿合同递给他）你看，这是他们三个
人签字的合同。

鲁大海：（看合同）什么？（慢慢地，低声）他们三个人签了字。他们怎么会不告
诉我就签了字呢？他们就这样把我不理啦？

周朴园：对了，傻小子，没有经验只会胡喊是不成的。

鲁大海：那三个代表呢？

周朴园：昨天晚上就回去了。

鲁大海：（如梦初醒）他们三个就这样骗了我了，这三个没有骨头的东西，他们
就把矿上的工人们卖了。哼，你们这些不要脸的董事长，你们的钱这
次又灵了。

周　萍：（怒）你混帐！

周朴园：不许多说话。（回头向鲁大海）鲁大海，你现在没有资格跟我说话——
矿上已经把你开除了。

鲁大海：开除了！？

周　冲：爸爸，这是不公平的。

周朴园：（向周冲）你少多嘴，出去！（周冲愤然由中门走下）

鲁大海：哦，好，好，（切齿）你的手段我早就领教过，只要你能弄钱，你什么都做

得出来。你叫警察杀了矿上许多工人,你还——

周朴园:你胡说!

鲁侍萍:(至鲁大海前)别说了,走吧。

鲁大海:哼,你的来历我都知道,你从前在哈尔滨包修江桥,故意叫江堤
　　　　出险——

周朴园:(厉声)下去!

[仆人等拉他,说"走! 走!"]

鲁大海:(对仆人)你们这些混帐东西,放开我。我要说,你故意淹死了两千二
　　　　百个小工,每一个小工的性命你扣三百块钱! 姓周的,你发的是绝子
　　　　绝孙的昧心财! 你现在还——

周　萍:(忍不住气,走到鲁大海面前,重重地打了他两个嘴巴)你这种混帐东
　　　　西! (鲁大海立刻要还手,倒是被周宅的仆人们拉住)打他!

鲁大海:(向周萍高声)你,你(正要骂,仆人一齐打鲁大海。鲁大海头流血。鲁
　　　　侍萍哭喊着护鲁大海)

周朴园:(厉声)不要打人! (仆人们停止打鲁大海,仍拉着鲁大海的手)

鲁大海:放开我,你们这一群强盗!

周　萍:(向仆人)把他拉下去!

鲁侍萍:(大哭起来)哦,这真是一群强盗! (走至周萍前,抽咽)你是萍,……
　　　　凭——凭什么打我的儿子?

周　萍:你是谁?

鲁侍萍:我是你的——你打的这个人的妈。

鲁大海:妈,别理这东西,您小心吃了他们的亏。

鲁侍萍:(呆呆地看着周萍的脸,忽而又大哭起来)鲁大海,走吧,我们走吧。
　　　　(抱着鲁大海受伤的头哭)

周　萍:(过意不去地)父亲。

周朴园:你太鲁莽了。

周　萍:可是这个人不应该乱侮辱父亲的名誉啊。

 思考与探究

1. 阅读下面周朴园的几句对白,结合课文说说它们对表现人物有什么作用。

(1)(忽然起立)你是谁?

(2)(徐徐立起)哦,你,你,你是——

(3)(忽然严厉地)你来干什么?

(4)(忽然)好! 痛痛快快地! 你现在要多少钱吧?

2. 你如何看待周朴园与鲁侍萍的关系?

3. 结合整个剧情,分析下面三句中所包含的思想感情。

鲁侍萍:(走至周萍面前)你是萍,……凭——凭什么打我的儿子?

周萍:你是谁?

鲁侍萍:我是你的——你打的这个人的妈。

4. 分析周朴园。

(1) 课文一开始,周朴园就要那件旧雨衣,尽管天气闷热,也不让把窗户打开,保留着侍萍的习惯,又表示要给侍萍修墓等,这些都显示了他对鲁侍萍的怀念,你认为这种怀念是否真的? 为什么?

(2) 当周朴园认出了眼前的人就是鲁侍萍时,立刻变了脸色,厉声说"谁指使你来的",最后,又开出支票,希望能用钱打发鲁侍萍,这与他对侍萍的怀念矛盾吗?为什么?

(3) 明知是自己的亲生儿子,他还是毫不犹豫地将鲁大海从矿上开除,这是为什么? 你认为周朴园是怎样一个人? 他的性格是怎样的?

威尼斯商人①（节选）

［英］莎士比亚②

莎士比亚(W. William Shakespeare,1564—1616),1564 年 4 月 23 日出生于英格兰沃里克郡斯特拉福镇,1616 年 5 月 3 日(儒略历 4 月 23 日)病逝。每年 4 月 23 日是莎士比亚的辞世纪念日,1995 年被联合国教科文组织定为"世界读书日"。英国文艺复兴时期杰出的戏剧家和诗人,代表作有四大悲剧《哈姆雷特》、《奥赛罗》、《李尔王》、《麦克白》,喜剧《威尼斯商人》等和一百多首十四行诗。他被誉为"英国戏剧之父",本·琼斯称他为"时代的灵魂",马克思称他为"人类最伟大的天才之一"。

《威尼斯商人》写于 1596 年,根据意大利短篇小说《呆子》改编而成。破落贵族青年巴萨尼奥向富家女鲍西娅求婚,苦于备不起聘礼。威尼斯商人安东尼奥有心资助却没有现钱,就向犹太人夏洛克借高利贷。双方说定,如果到期不还,债主从债户身上割一磅肉。后来安东尼奥的商船失事,他无力还债,夏洛克毫不客气要割他一磅肉。巴萨尼奥急忙前往法庭求情,要加倍代安东尼奥偿还,但夏洛克恪守契约条款,不肯变通。危急之时,一位青年法官登堂断案,判借约有效。夏洛克举刀正待割肉时,法官宣布:"借约规定只割一磅肉,可没说血。假如流一滴血,你的财产全部充公!"夏洛克呆若木鸡,只得认输。法庭没收了他一半家产。当巴萨尼奥与爱妻鲍西娅欢聚时,才知道断案的青年系鲍西娅假扮。

　　《威尼斯商人》是莎士比亚喜剧系列中第一个以较多的现实主义手法表现社会阴暗面的优秀作品。作者站在人文主义的立场上,歌颂纯洁的爱情和无私的友谊,批判高利贷者的贪婪与残酷,对遭受种族歧视的犹太人也给予同情。全剧结构完美,情节紧张,波澜起伏,人物形象生动感人,对白机智而风趣,喜剧气氛很浓。特别是本课所选的"庭审"一场,戏剧冲突尖锐,气氛扣人心弦,语言更是精妙经典,将戏剧的特性和魅力发挥到极致。

　　主要情节:

　　威尼斯商人安东尼奥为了帮助好友巴萨尼奥成婚,向犹太人夏洛克借了三千金币的高利贷。夏洛克因为安东尼奥借给别人钱不要利息,影响了他的生意,又侮辱过他,所以借机报复,在借约上戏言三个月期满还不上钱,就从安东尼奥身上割下一磅肉抵债。安东尼奥因船失事,不能如期还钱,夏洛克就提起公诉,要安东尼奥履行借约。

　　[公爵②、众绅士、安东尼奥、巴萨尼奥、葛莱西安诺③、萨拉里诺、萨莱尼奥及余人等同上。]

　　公　　爵:安东尼奥有没有来?

　　安东尼奥:有,殿下。

　　公　　爵:我很为你不快乐;你是来跟一个心如铁石的对手当庭质对,一个不懂得怜悯、没有一丝慈悲心的、不近人情的恶汉。

　　安东尼奥:听说殿下曾经用尽力量劝他不要过于坚持己见,可是他一味固执,不肯略作让步。既然没有合法的手段可以使我脱离他的怨毒的掌握,我只有用默忍迎受他的愤怒,安心等待着他的残暴的处置。

　　公　　爵:来人,传那犹太人到庭。

　　萨拉里诺:他在门口等着;他来了,殿下。

　　[夏洛克上。]

　　公　　爵:大家让开些,让他站在我的面前。夏洛克,人家都以为——我也是这样想——你不过故意装出这一副凶恶的姿态,到了最后关头,就会显出你的仁慈恻隐④来,比你现在这种表面上的残酷更加出人意料;现在你虽然坚持着照约处罚,一定要从这个不幸的商人身上割下一磅肉来,到了那时候,你不但愿意放弃这种处罚,而且因为受到良心上的感动,说不定还会豁免他一部分的欠款。

你看他最近接连遭逢的巨大损失，足以使无论怎样富有的商人倾家荡产，即使铁石一样的心肠，从来不知道人类同情的野蛮人，也不能不对他的境遇发生怜悯。犹太人，我们都在等候你一句温和的回答。

夏　洛　克：我的意思已经向殿下禀告过了；我也已经指着我们的圣安息日⑤起誓，一定要照约执行处罚；要是殿下不准许我的请求，那就是蔑视宪章，我要到京城里去上告，要求撤销贵邦的特权。您要是问我为什么不愿接受三千金币，宁愿拿一块腐烂的臭肉，那我可没有什么理由可以回答您，我只能说我欢喜这样，这是不是一个回答？要是我的屋子里有了耗子，我高兴出一万块钱叫人把它们赶掉，谁管得了？这不是回答了您吗？有的人不爱看张开嘴的猪，有的人瞧见一头猫就要发脾气，还有人听见人家吹风笛的声音就忍不住要小便；因为一个人的感情完全受着喜恶的支配，谁也做不了自己的主。现在我就这样回答您：为什么有人受不了一头张开嘴的猪，有人受不了一头有益无害的猫，还有人受不了咿咿唔唔的风笛的声音，这些都是毫无充分理由的，只是因为天生的癖性，使他们一受到刺激，就会情不自禁地现出丑相来；所以我不能举什么理由，也不愿举什么理由，除了因为我对安东尼奥抱着久积的仇恨和深刻的反感，所以才会向他进行这一场对于我自己并没有好处的诉讼。现在您不是已经得到我的回答了吗？

巴萨尼奥：你这冷酷无情的家伙，这样的回答可不能作为你的残忍的辩解。

夏　洛　克：我的回答本来不是为了讨你的欢喜。

巴萨尼奥：难道人们对于他们所不喜欢的东西，都一定要置之死地吗？

夏　洛　克：哪一个人会恨他所不愿意杀死的东西？

巴萨尼奥：初次的冒犯，不应该就引为仇恨。

夏　洛　克：什么！你愿意给毒蛇咬两次吗？

安东尼奥：请你想一想，你现在跟这个犹太人讲理，就像站在海滩上，叫那大海的怒涛减低它的奔腾的威力，责问豺狼为什么害母羊为了失去它的羔羊而哀啼，或是叫那山上的松柏，在受到天风吹拂的时候，不要摇头摆脑，发出簌簌的声音。要是你能够叫这个犹太人的心变软——世上还有什么东西比它更硬呢？——那么还有什么难事不可以做到？所以我请你不用再跟他商量什么条件，也不用替我想什么办法，让我爽爽快快受到判决，满足这犹太人的心愿吧。

巴萨尼奥：借了你三千块钱，现在拿六千块钱还你好不好？

夏　洛　克：即使这六千块钱中间的每一块钱都可以分作六份，每一份都可以变成一块钱,我也不要它们;我只要照约处罚。

公　　爵:你这样一点没有慈悲之心,将来怎么能够希望人家对你慈悲呢?

夏　洛　克:我又不干错事,怕什么刑罚?你们买了许多奴隶,把他们当作驴狗骡马一样看待,叫他们做种种卑贱的工作,因为他们是你们出钱买来的。我可不可以对你们说,让他们自由,叫他们跟你们的子女结婚?为什么他们要在重担之下流着血汗?让他们的床铺得跟你们的床同样柔软,让他们的舌头也尝尝你们所吃的东西吧,你们会回答说:"这些奴隶是我们所有的。"所以我也可以回答你们:我向他要求的这一磅肉,是我出了很大的代价买来的;它是属于我的,我一定要把它拿到手。您要是拒绝了我,那么让你们的法律去见鬼吧!威尼斯城的法令等于一纸空文。我现在等候着判决,请快些回答我,我可不可以拿到这一磅肉?

公　　爵:我已经差人去请培拉里奥,一位有学问的博士,来替我们审判这件案子;要是他今天不来,我可以有权宣布延期判决。

萨 拉 里 诺:殿下,外面有一个使者刚从帕度亚来,带着这位博士的书信,等候着殿下的召唤。

公　　爵:把信拿来给我,叫那使者进来。

巴 萨 尼 奥:高兴起来吧,安东尼奥!喂,老兄,不要灰心!这犹太人可以把我的肉、我的血、我的骨头、我的一切都拿去,可是我决不让你为了我的缘故流一滴血。

安 东 尼 奥:我是羊群里一头不中用的病羊,死是我的应分;最软弱的果子最先落到地上,让我也就这样结束了我的一生吧。巴萨尼奥,我只要你活下去,将来替我写一篇墓志铭,那你就是做了再好不过的事。

［尼莉莎①扮律师书记上。］

公　　爵:你是从帕度亚培拉里奥那里来的吗?

尼　莉　莎:是,殿下。培拉里奥叫我向殿下致意。(呈上一信)

巴 萨 尼 奥:你这样使劲儿磨着刀干吗?

夏　洛　克:从那破产的家伙身上割下那磅肉来。

葛莱西安诺:狠心的犹太人,你不是在鞋口上磨刀,你这把刀是放在你的心口上磨;无论哪种铁器,就连刽子手的钢刀都赶不上你这恶毒的心肠一半的锋利。难道什么恳求都不能打动你吗?

夏　洛　克:不能,无论你说得多么婉转动听,都没有用。

葛莱西安诺:万恶不赦的狗,看你死后下不下地狱!让你这种东西活在世上,真是公道不生眼睛。你简直使我的信仰发生摇动,相信起毕达哥拉

斯⑦所说畜生的灵魂可以转生人体的议论来了；你的前生一定是一头豺狼，因为吃了人给人捉住吊死，它那凶恶的灵魂就从绞架上逃了出来，钻进了你那老娘的腌臢的胎里，因为你的性情正像豺狼一样残暴贪婪。

夏　洛　克：除非你能够把我这张契约上的印章骂掉，否则像你这样拉开了喉咙直嚷，不过白白伤了你的肺，何苦来呢？好兄弟，我劝你还是让你的脑子休息一下吧，免得它损坏了将来无法收拾。我在这儿要求法律的裁判。

公　　　爵：培拉里奥在这封信上介绍一位年轻有学问的博士出席我们的法庭，他在什么地方？

尼　莉　莎：他就在这儿附近等着您的答复，不知道殿下准不准许他进来？

公　　　爵：非常欢迎。来，你们去三四个人，恭恭敬敬领他到这儿来。现在让我们把培拉里奥的来信当庭宣读。

书　　　记：(读)"尊翰⑧到时，鄙人抱疾方剧；适有一青年博士鲍尔萨泽君自罗马来此，致其慰问，因与详讨犹太人与安东尼奥一案，遍稽⑨群籍，折中是非⑩，遂恳其为鄙人庖代⑪，以应殿下之召。凡鄙人对此案所具意见，此君已深悉无遗；其学问才识，虽穷极赞辞，亦不足道其万一，务希勿以其年少而忽之，盖如此少年老成之士，实鄙人生平所仅见也。倘蒙延纳，必能不辱使命。敬祈钧裁⑫。"

公　　　爵：你们已经听到了博学的培拉里奥的来信，这儿来的大概就是那位博士了。

[鲍西娅⑬扮律师上。]

公　　　爵：把您的手给我。足下是从培拉里奥老前辈那儿来的吗？

鲍　西　娅：正是，殿下。

公　　　爵：欢迎欢迎，请上坐。您有没有明了今天我们在这儿审理的这件案子的两方面的争点？

鲍　西　娅：我对于这件案子的详细情形已经完全知道了。这儿哪一个是那商人，哪一个是犹太人？

公　　　爵：安东尼奥，夏洛克，你们两人都上来。

鲍　西　娅：你的名字就叫夏洛克吗？

夏　洛　克：夏洛克是我的名字。

鲍　西　娅：你这场官司打得倒也奇怪，可是按照威尼斯的法律，你的控诉是可以成立的。(向安东尼奥)你的生死现在操在他的手里，是不是？

安　东　尼　奥：他是这样说的。

鲍　西　娅：你承认这借约吗？

安　东　尼　奥：我承认。

鲍　西　娅：那么犹太人应该慈悲一点。

夏　洛　克：为什么我应该慈悲一点？把您的理由告诉我。

鲍　西　娅：慈悲不是出于勉强，它是像甘霖一样从天上降下尘世；它不但给幸福于受施的人，也同样给幸福于施与的人；它有超乎一切的无上威力，比皇冠更足以显出一个帝王的高贵：御杖不过象征着俗世的威权，使人民对于君上的尊严凛然生畏；慈悲的力量却高出于权力之上，它深藏在帝王的内心，是一种属于上帝的德性，执法的人倘能把慈悲调剂着公道，人间的权力就和上帝的神力没有差别。所以，犹太人，虽然你所要求的是公道，可是请你想一想，要是真的按照公道执行起赏罚来，谁也没有死后得救的希望；我们既然祈祷着上帝的慈悲，就应该按照祈祷的指点，自己做一些慈悲的事。我说了这一番话，为的是希望你能够从你的法律的立场上作几分让步；可是如果你坚持着原来的要求，那么威尼斯的法庭是执法无私的，只好把那商人宣判定罪了。

夏　洛　克：我自己做的事，我自己当！我只要求法律允许我照约执行处罚。

鲍　西　娅：他是不是无力偿还这笔借款？

巴　萨　尼　奥：不，我愿意替他当庭还清，照原数加倍也可以；要是这样他还不满足，那么我愿意签署契约，还他十倍的数目，拿我的手、我的头、我的心做抵押；要是这样还不能使他满足，那就是存心害人，不顾天理了！请堂上运用权力，把法律稍为变通一下，犯一次小小的错误，干一件大大的功德，别让这个残忍的恶魔逞他杀人的兽欲。

鲍　西　娅：那可不行，在威尼斯谁也没有权力变更既成的法律；要是开了这一个恶例，以后谁都可以借口有例可援，什么坏事情都可以干了，这是不行的。

夏　洛　克：一个但尼尔⑪来做法官了！真的是但尼尔再世！聪明的青年法官啊，我真佩服你！

鲍　西　娅：请你让我瞧一瞧那借约。

夏　洛　克：在这儿，可尊敬的博士；请看吧。

鲍　西　娅：夏洛克，他们愿意出三倍的钱还你呢。

夏　洛　克：不行，不行，我已经对天发过誓啦，难道我可以让我的灵魂背上毁誓的罪名吗？不，把整个儿的威尼斯给我，我都不能答应。

鲍　西　娅：好，那么就应该照约处罚。根据法律，这犹太人有权要求从这商人的胸口割下一磅肉来；还是慈悲一点，把三倍原数的钱拿去，让

我撕了这张借约吧。

夏　　洛　　克：等他按照借约中所载条款受罚以后，再撕不迟。您瞧上去像是一个很好的法官，您懂得法律，您讲的话也很有道理，不愧是法律界的中流砥柱，所以现在我就用法律的名义，请您立刻进行宣判，凭着我的灵魂起誓，谁也不能用他的口舌改变我的决心，我现在但等着执行原约。

安 东 尼 奥：我也诚心请求堂上从速宣判。

鲍　　西　　娅：好，那么就是这样：你必须准备让他的刀子刺进你的胸膛。

夏　　洛　　克：啊，尊严的法官！好一位优秀的青年！

鲍　　西　　娅：因为这借约上所定的惩罚，跟法律条文的含义并无抵触。

夏　　洛　　克：很对很对！啊，聪明正直的法官！想不到你瞧上去这样年轻，见识却这么老练！

鲍　　西　　娅：所以你应该把你的胸膛袒露出来。

夏　　洛　　克：对了，"他的胸部"，借约上是这么说的，——不是吗，尊严的法官？——"附近心口的所在"，借约上写得明明白白的。

鲍　　西　　娅：不错，称肉的天平有没有预备好？

夏　　洛　　克：我已经带来了。

鲍　　西　　娅：夏洛克，去请一位外科医生来替他堵住伤口，费用归你负担，免得他流血而死。

夏　　洛　　克：约上有这样的规定吗？

鲍　　西　　娅：约上并没有这样的规定，可是那又有什么相干呢？肯做一件好事总是好的。

夏　　洛　　克：我找不到；约上没有这一条。

鲍　　西　　娅：商人，你还有什么话说吗？

安 东 尼 奥：我没有多少话要说，我已经准备好了。把你的手给我，巴萨尼奥，再会吧！不要因为我为了你的缘故遭到这种结局而悲伤，因为命运对我已经特别照顾了：她往往让一个不幸的人在家产荡尽以后继续活下去，用他凹陷的眼睛和满是皱纹的额角去接受贫困的暮年，——这种拖延时日的刑罚，她已经把我豁免了。替我向尊夫人致意，告诉她安东尼奥的结局；对她说我怎样爱你，又怎样从容就死；等到你把这一段故事讲完以后，再请她判断一句，巴萨尼奥是不是曾经有过一个真心爱他的朋友。不要因为你将要失去一个朋友而懊恨，替你还债的人是死而无怨的；只要那犹太人的刀刺得深一点，我就可以在一刹那的时间把那笔债完全还清。

巴 萨 尼 奥：安东尼奥，我爱我的妻子，就像我自己的生命一样；可是我的生命、我的妻子以及整个的世界,在我的眼中都不比你的生命更为贵重。我愿意丧失一切,把它们献给这恶魔做牺牲,来救出你的生命。

鲍　西　娅：尊夫人要是在这儿听见您说这样话,恐怕不见得会感谢您吧。

葛莱西安诺：我有一个妻子,我可以发誓我是爱她的,可是我希望她马上归天,好去求告上帝改变这恶狗一样的犹太人的心。

尼　莉　莎：幸亏尊驾在她的背后说这样的话,否则府上一定要吵得鸡犬不宁了。

夏　洛　克：这些便是相信基督教的丈夫!我有一个女儿,我宁愿她嫁给强盗的子孙,不愿她嫁给一个基督徒,别再浪费光阴了,请快些宣判吧。

鲍　西　娅：那商人身上的一磅肉是你的,法庭判给你,法律许可你。

夏　洛　克：公平正直的法官!

鲍　西　娅：你必须从他的胸前割下这磅肉来,法律许可你,法庭判给你。

夏　洛　克：博学多才的法官!判得好!来,预备!

鲍　西　娅：且慢,还有别的话呢。这借约上并没有允许你取他的一滴血,只是写明着"一磅肉";所以你可以照约拿一磅肉去,可是在割肉的时候,要是流下一滴基督徒的血,你的土地财产,按照威尼斯的法律,就要全部充公。

葛莱西安诺：啊,公平正直的法官!听着,犹太人;啊,博学多才的法官!

夏　洛　克：法律上是这样说吗?

鲍　西　娅：你自己可以去查查明白。既然你要求公道,我就给你公道,而且比你所要求的更公道。

葛莱西安诺：啊,博学多才的法官!听着,犹太人;好一个博学多才的法官!

夏　洛　克：那么我愿意接受还款;照借约上的数目三倍还我,放了那基督徒。

巴萨尼奥：钱在这儿。

鲍　西　娅：别忙!这犹太人必须得到绝对的公道。别忙!他除了照约处罚以外,不能接受其他的赔偿。

葛莱西安诺：啊,犹太人!一个公平正直的法官,一个博学多才的法官!

鲍　西　娅：所以你准备着动手割肉吧。不准流一滴血,也不准割得超过或是不足一磅的重量;要是你割下来的肉,比一磅略微轻一点或是重一点,即使相差只有一丝一毫,或者仅仅一根汗毛之微,就要把你抵命,你的财产全部充公。

葛莱西安诺：一个再世的但尼尔,一个但尼尔,犹太人!现在你可掉在我的手里了,你这异教徒!

鲍　西　娅：那犹太人为什么还不动手？

夏　洛　克：把我的本钱还我，放我去吧。

巴萨尼奥：钱我已经预备好在这儿，你拿去吧。

鲍　西　娅：他已经当庭拒绝过了；我们现在只能给他公道，让他履行原约。

葛莱西安诺：好一个但尼尔，一个再世的但尼尔！谢谢你，犹太人，你教会我说
　　　　　　这句话。

夏　洛　克：难道我单单拿回我的本钱都不成吗？

鲍　西　娅：犹太人，除了冒着你自己生命的危险割下那一磅肉以外，你不能
　　　　　　拿一个钱。

夏　洛　克：好，那么魔鬼保佑他去享用吧！我不打这场官司了。

鲍　西　娅：等一等，犹太人，法律上还有一点牵涉你。威尼斯的法律规定：凡
　　　　　　是一个异邦人企图用直接或间接手段，谋害任何公民，查明确有
　　　　　　实据者，他的财产的半数应当归受害的一方所有，其余的半数没
　　　　　　入公库，犯罪者的生命悉听公爵处置，他人不得过问。你现在刚
　　　　　　巧陷入这个法网，因为根据事实的发展，已经足以证明你确有运
　　　　　　用直接间接手段，危害被告生命的企图，所以你已经遭逢我刚才
　　　　　　所说起的那种危险了。快快跪下来，请公爵开恩吧。

葛莱西安诺：求公爵开恩，让你自己去寻死吧！可是你的财产现在充了公，一
　　　　　　根绳子也买不起啦，所以还要让公家破费把你吊死。

公　　　爵：让你瞧瞧我们基督徒的精神，你虽然没有向我开口，我自动饶恕
　　　　　　了你的死罪。你的财产一半划归安东尼奥，还有一半没入公库；
　　　　　　要是你能够诚心悔过，也许还可以减处你一笔较轻的罚款。

鲍　西　娅：这是说没入公库的一部分，不是说划归安东尼奥的一部分。

夏　洛　克：不，把我的生命连着财产一起拿了去吧，我不要你们的宽恕。你
　　　　　　们拿掉了支撑房子的柱子，就是拆了我的房子；你们夺去了我的
　　　　　　养家活命的根本，就是活活要了我的命。

鲍　西　娅：安东尼奥，你能不能够给他一点慈悲？

葛莱西安诺：白送给他一根上吊的绳子吧；看在上帝的面上，不要给他别的
　　　　　　东西！

安东尼奥：要是殿下和堂上愿意从宽发落，免予没收他的财产的一半，我就
　　　　　　十分满足了；只要他能够让我接管他的另外一半的财产，等他死
　　　　　　了以后，把它交给最近和他的女儿私奔的那位绅士；可是还要有
　　　　　　两个附带的条件：第一，他接受了这样的恩典，必须立刻改信基督
　　　　　　教；第二，他必须当庭写下一张文契，声明他死了以后，他的全部
　　　　　　财产传给他的女婿罗兰佐和他的女儿。

公　　　爵：他必须履行这两个条件，否则我就撤销刚才所宣布的赦令。

鲍　西　娅：犹太人，你满意吗？你有什么话说？

夏　洛　克：我满意。

鲍　西　娅：书记，写下一张授赠产业的文契。

夏　洛　克：请你们允许我退庭，我身子不大舒服。文契写好了送到我家里，
　　　　　　我在上面签名就是了。

 注释：

①节选自《莎士比亚全集》（三），人民文学出版社1978年版。

②公爵：指威尼斯公爵。威尼斯在中古后期是个共和国，最高统治者是公爵。

③葛莱西安诺：和下文的萨拉里诺、萨莱尼奥都是安东尼奥和巴萨尼奥的朋友。

④恻隐：对受苦难的人表示同情。

⑤安息日：这里指犹太教每周一次的圣日，教徒在该日停止工作，礼拜上帝。

⑥尼莉莎：鲍西娅的侍女，葛莱西安诺的妻子。在这场戏里，她女扮男装，
充当律师书记。

⑦毕达哥拉斯：古希腊哲学家，主张灵魂轮回说。

⑧尊翰：对别人来信的尊称。翰，这里指书信。

⑨稽：查考。

⑩折中是非：判定谁是谁非。折中，这里指对争执不决的双方进行判断、裁决。

⑪庖（páo）代：也写作"代庖"，是成语"越俎代庖"的简单说法。语见《庄
子·逍遥游》，意思是越权办事或者包办代替。这里指代理他人的职务。庖，
厨师。

⑫钧裁：恭请做出决定的意思。钧，旧时对尊长或者上级用的敬辞。裁，判
断、决定。

⑬鲍西娅：富家女儿，巴萨尼奥的妻子，在这场戏里，她女扮男装，充当律师。

⑭但尼尔：以色列的著名法官，善于处理诉讼案件。

 思考与探究

1．复述课本节选部分的情节。要求：时间不超过3分钟，时间、地点、人物和
情节正确。

2．说说你对安东尼奥这个人物的看法。

3．课文中的鲍西娅的上场使矛盾冲突向着不利于夏洛克的方向急剧发展，请

你说说鲍西娅是如何通过判断推进情节发展的？

4. 阅读莎士比亚的其他戏剧作品，或者观看莎士比亚作品的影视录像，选一个人物向其他同学讲讲他（她）的故事。

海底总动员①（节选）

课文导读

　　动画片是电影中最为奇妙的一个种类，它不仅受到孩子们的喜爱，也使成年人焕发着童心。2003 年 5 月 30 日，由制作动画片历史最悠久的美国迪斯尼公司和最负盛名的皮克萨（Pixar）计算机动画工作室合作，向观众奉献的这部动画力作《海底总动员》引起了轰动。本片由安德鲁·斯坦顿（Andrew Stanton）担任导演，阿尔伯特·布鲁克斯（Albert Brooks）、亚历山德勒·高登（Alexander Gould）、艾伦·德杰尼勒斯（Ellen DeGeneres）分别为儿子尼莫、父亲莫林、蓝唐王鱼多莉配音。2004 年第 76 届美影学院将奥斯卡最佳动画长片大奖颁给了这部影片。

　　这是一部颂扬亲情的电影作品，一部刻画了父子关系的温馨之作。电影带领观众来到美丽的海洋，用拟人的方式演绎了生活在澳洲外海的一对小丑鱼（Clownfish）父子的奇妙经历。

　　小丑鱼父亲莫林因为目睹妻子的死亡而倍加呵护儿子尼莫，尼莫在澳洲外海长大，过着安定而平静的"幸福"生活。莫林谨小慎微，做事缩手缩脚，成为远近闻名的胆小鬼。儿子尼莫年轻气盛，常常与莫林发生争执，甚至有点儿瞧不起自己的父亲。直到有一天，一直想到海洋中冒险的尼莫，游出了他们所居住的珊瑚礁。正当尼莫想要舒展一下小尾巴的时候，一张渔网无情地将他捕走，并将他辗转卖到澳洲悉尼湾内的一家牙医诊所。莫林思念儿子，勇敢地踏上了寻找尼莫的艰险路途。路上，他遇到了目睹捕走尼莫的渔船却患有轻微健忘症的蓝唐王鱼（Regal Blue Tang）多莉，出于同情，多莉愿意和他一起去寻找那条船。一路上他们遭遇了各种惊险，也得到了海洋中许多朋友的帮助。最终，凭着莫林的坚韧不拔的毅力和尼莫的勇敢机智，父子俩终于团圆。尼莫长大了，成了勇敢且富有经验的探险家；父亲莫林也和多莉幸福地生活在一起。

　　本课节选的是《海底总动员》的结束部分。经过一番艰难的寻找，小尼莫与父亲莫林终于团聚。节选部分之后还有一分多钟的尾声：尼莫、莫林和多莉回到了大堡礁珊瑚林，小尼莫长大了，告别父亲，勇敢地踏上了探险的历程。

[莫林一个人孤独地游着。]

尼莫:老爸!

(多莉也跟着学)老爸! 等一下,是你老爸还是我老爸?

尼莫:我老爸!

多莉:明白啦! 老爸!

尼莫:这是什么地方?

(多莉看着管道上的字)悉——悉尼!

(多莉突然醒悟过来自己是谁,在什么地方。她捧起尼莫跳起了舞)尼莫,你是尼莫!

尼莫:我是尼莫。

多莉:你是尼莫? 你已经死了,我亲眼看见你了。你是尼莫! 我找到你了! 你爸爸——

尼莫:爸爸? 你认识我爸爸? 哪儿?

多莉:这边,他往这边去了,快!

(多莉问那两只螃蟹)见过一条橘黄色的鱼游过去了吗,长得像他!

螃蟹:嗨,我们见过! 蓝鱼,可是我不告诉你们他去哪儿了,打死我也不说!

[愤怒的多莉把螃蟹挑出水面,海鸥看见螃蟹,都高喊:我的! 然后扑了过来。]

莫林游到鱼群中,不小心碰了一下。

路过的鱼:看着点儿!

莫林:对不起,我光想着回家了。

远远传来尼莫喊老爸的声音。

莫林:尼莫?

喊声越来越近。

莫林看到了游过来的多莉和尼莫,狂喜地游了过去。

父子两个拥抱到了一起。

莫林:孩子,放心吧,你不会有事的。

多莉:快掉头!

鱼群惊慌地向回游,原来是渔船的网包围了他们。

多莉:快跑!

莫林:小心!

渔船的网起网了,莫林拉着尼莫的手一起在游,他们看到多莉被关到了网里。

多莉:救命啊! 救命啊! 我要出去! 我要出去!

(尼莫想起了牙医诊室里的一幕情景)老爸,我有办法!

尼莫勇敢地游进了渔网,莫林一把没有抓住他。

尼莫:告诉大家,一起往下游!

莫林：你快点出来！

尼莫：我知道，一定行！

莫林：不！我决不能再失去你。

尼莫：老爸，没时间啦。这是救多莉最好的办法，我一定能办到。

莫林：你说得对，我知道你能！快去吧。

尼莫：告诉所有的鱼，都往下游。

莫林：好吧！大家听我儿子的，往下游！

尼莫：大家一定要往下游。

莫林：大家明白我的意思了吗？听我儿子的，往下使劲儿，往下使劲儿！

渔船要把网拉出水面了。

（尼莫继续高喊）大家一起往下游，往下游！

（莫林喊着号子）往下游！往下游！往下游！

渔网被拉出水面，莫林还在鼓动。

莫林：往下游啊，一直往下游啊！

（渔网向下坠去，大家齐心协力地喊着）一起往下游！一起往下游！

莫林：大家一起用力，往下游呀，快成功啦！

船倾倒了一下，鱼竿断了，渔网落到海底，鱼群从渔网顶部纷纷游了出来，他们都得救了。

（莫林和多莉会合到一起，但仍然在喊）尼莫在哪儿？

（多莉看到落在海底的渔网，尼莫也许是筋疲力尽，静静地躺在网里）在那儿！

莫林：噢，天哪！

（他们急速地游到海底）尼莫！尼莫！没事，爸爸在这儿，爸爸找到你了。

尼莫：（睁开眼睛）爸爸，我不恨你。

莫林：谢天谢地！不不不不，是老爸不好，尼莫！

（莫林轻轻地抚摩尼莫）哎，知道吗？

尼莫：什么？

莫林：海龟。我遇到了一只已经活了150岁的大海龟呢。

尼莫：150岁？

莫林：没错啊。

尼莫：山迪叔叔说他们只能活到100岁啊。

莫林：山迪叔叔？难道你爸爸走遍了五湖四海。还不如你一个山迪叔叔知道得多吗？

尼莫笑了起来。

莫林：真的是150岁，不是100岁。

[父子俩紧紧地拥抱在一起。]

 注释:

① 本文由李稚田依据《海底总动员》电影光盘(中国电影集团出版、中国录音录像出版总社出品、北京音像资料馆翻译版)记录整理,刘大勇译。

 思考与探究

1. 这部动画片设计的小丑鱼父子的形象十分可爱,且极具个性色彩:父亲莫林是忧郁的,经常眉头紧锁,而儿子尼莫却是一种天不怕地不怕的神情,这可以通过两条鱼的眼睛辨别出来。请通过影片仔细观察小丑鱼父子的造型,揣摩他们的性格特点。

2. 请谈谈尼莫能从渔网中逃脱的原因是什么? 父亲之前的教育有积极的指导意义吗?

3. 你如何评价尼莫的历险过程? 请谈谈这部动画片对你的启迪。

4. 选择《海底总动员》中你最喜欢的一个角色,用 Flash 绘制该形象,并绘制海底的场景,让这条小鱼在海水中来回游动,还要让它一边游一边不时地吐气泡。

知识链接

闪、闪客及剪辑

一、"闪"及"闪客"

所谓"闪"就是指 Flash（英文单词本意是指闪光、闪现）。Flash 是美国的 Macromedia 公司于 1999 年 6 月推出的优秀网页动画设计软件。它是一种交互式动画设计工具，通过它，人们可以将音乐、声效、动画以及富有新意的界面融合在一起，制作出高品质的网页动态效果。

作为一种新的大众娱乐方式，Flash 的"新"主要体现在以下四个方面：新的传播方式、新的表现手法、新的对象群体和新的文化现象。许多研究者认为，Flash 的跳跃、节奏、卡通、幽默、创新，最符合渐渐成长起来的电子时代网络一族的思维速度和生活方式。此外，随着网络多媒体制作技术的发展，音乐、动画、文字实现互相穿插链接已成为一种必然的趋势，而 Flash 也将作为一个新的产业，逐渐渗透到音乐、传媒、IT、广告、房地产、游戏等各个领域。在这方面，国内有名的如雪村的《东北人都是活雷锋》，这首 Flash 歌曲不但让雪村和东北人大出风头，而且也开始让 Flash 在中国基本达到了家喻户晓的程度。所以雪村非常感谢 Flash，他认为，Flash 是平民艺术家的舞台，这里，人人都是闪客，人人都是艺术家，他们"为我们的梦想而闪烁，更为我们的生活而闪烁"。

既然"闪"是指 Flash，而"客"则是指从事某事的人，那么，闪客就是指做 Flash 的人。这里所说的"闪客"，也指那些经常使用 Flash 的人。

"闪客"这个词源起于"闪客帝国"个人网站。这个网站在 1999 年刚开始建设时，名字还没有想好，在回声资讯的"Flash 论坛"上，有一天有个人无意中说出"闪客"一词，这个词立刻就得到该网站发起人的认可。于是，"闪客"就开始挂在他的嘴边，而等到"闪客帝国"开通的时候，"闪客"这个概念已经深入人心。如今，"闪客"已经与"黑客"、"博客"等概念一起，构成了风起云涌的网络亚文化浪潮。

二、剪辑

剪辑是电影拍摄完成之后的下一道制作工序，即把拍摄的素材镜头通过加工，最终完成一部电影作品的工序。

剪辑，又称剪接，顾名思义，有剪有辑（接），先剪后辑（接）。剪，是对拍摄到的素材进行挑选，剪出自己所需要的镜头画面；辑，是把所精选的镜头画面，按照文本

的叙事要求,按照一定的次序组接起来。剪辑是完成电影创作的重要环节,相对于编剧写作剧本的一度创作、导演为准备拍摄完成分镜头剧本的二度创作,剪辑可以称为导演与剪辑师合作进行的电影的三度创作。

电影剪辑要完成以下任务:

1. 选择与取舍。通过选择,突出要表现的内容,去掉多余烦琐的内容。

2. 创造电影的时空。通过剪辑,创造银幕上的时间顺序和空间安排,使观众认知剧情发展和环境设置。

3. 组织观众对影片故事的阅读。使观众依照叙事次序,一步步地了解故事的全貌。

4. 创造叙事节奏。利用镜头自身的长短和组接的技巧,创造叙事的节奏。

5. 完成意义的表达。使分散在各个镜头中的片断的意义,最终整合成为一个完整的意义表述。

专业·语文

戏剧小品两则①

同一屋檐下，每天都发生着人与房的故事。

装　修

表演者：黄　宏　巩汉林

巩汉林：（上。捧油漆桶）嘿！亲爱的观众朋友们，过年好啊！

巩汉林：哎哟！鸡年大吉我买了新房，买了新房我装修忙。装修的程序都一
　　　　样，家家户户先砸墙！（走到门前）哎，我的新房到了，等装修完了请你
　　　　们来串门啊。（放下油漆桶，拿出钥匙）看一看，新房的门就是漂亮啊！
　　　　（开门）哎哟，你看看这个门板，你看看这个门锁，（使劲）你看看……你
　　　　看……你……（出示钥匙）哎呀，现在这个防盗门，质量真不赖，自己家
　　　　的钥匙都捅不开呀！（喊）黄大锤！

黄　宏：（上）哎，我来咯！东风吹，战鼓擂，装修离不开黄大锤。砸了这家砸那
　　　　家，让我砸谁我砸谁。（喊）大哥！

巩汉林：唉。

黄　宏：砸谁啊？

巩汉林：砸门！

黄　宏：砸……？（疑惑）大哥，挺好的门砸了不可惜了吗？

巩汉林：哎哟，反正装修完房子都是要换门的。①

黄　宏：为啥都得换门呢？

巩汉林：你想啊，我要你来装修，这个钥匙我要交给你吧？

黄　宏：嗯。

巩汉林：你拿这钥匙就天天来吧？

黄　宏：那我们得来呀！

巩汉林：一两个月你就走顺腿啦。等房子装修好了趁着我们家没人的时候，你可能还来呀！

黄　宏：你这啥意思你这是？

巩汉林：哎哟，你怎么还不明白呀？说白啦，换门不是为了防小偷的，主要是为了防你们装修的。

黄　宏：你怎么能这么说话呢？呃？（抢起锤子，威慑状）侮辱装修人格吗？还防装修呢，真要进这个门我还要用钥匙吗？

巩汉林：（恐惧地）你、你、你就……

黄　宏：（砸门）还用钥匙吗我呀？这不进来了吗？还讲这事儿给我。

〔黄宏进门。巩汉林抬起油漆桶，尾随。〕

巩汉林：（畏惧地）对不起啊……

黄　宏：没你那么说话的关键是！

巩汉林：啊不不不，你看这样好不好，这个门拆下来我送给你。

黄　宏：对不起，我们农村最不需要的就是防盗门。

巩汉林：为什么？

黄　宏：家家户户都养狗。不是跟你吹，我那儿一条好狗等于你这儿五个保安……

巩汉林：啊？！

黄　宏：手里的警棍。

巩汉林：唉，吓我一跳啊！

〔黄宏、巩汉林走进屋，巩汉林放下油漆桶。〕

巩汉林：快看看我们的新房怎么样。

黄　宏：还挺宽敞。

巩汉林：啊呀！过去不行呐。过去俺只住四平米啊。冬天漏风，夏天漏雨，三口人住在一张床，这孩子老往中间挤。晚上想跟老婆要亲热，条件根本不允许。（害羞地）呵呵呵！

黄　宏：（笑）那还用说吗？您看看这身条（指巩汉林），就知道过去住得挺窄巴。

巩汉林：（生气地）嗨！你的意思我这个身材是夹出来的？

黄　宏：有关系！你住房子跟我们农村养牲口一样！

巩汉林：呃？

黄　宏：棚小的不长个儿，圈小的不长膘。现在房子住得大了，儿女全比父母高嘛。

巩汉林：胡说八道！

黄　宏：怎么胡说呐？

巩汉林：个子高矮跟房子高低没关系。

黄　宏：它怎么能没关系呢？

巩汉林：那我问问你！

黄　宏：你说。

巩汉林：姚明的个子高不高？

黄　宏：高。

巩汉林：和他们家房子有关系吗？

黄　宏：网上都说了，篮球巨星姚明家里的房子没顶棚；小品明星潘长江家里
　　　　的房子像水缸，你看把孩子憋成啥样了！

巩汉林：（大笑）哈哈哈！你可真幽默哟！（掀油漆桶盖）

黄　宏：我发现你更有意思。

巩汉林：啥啦？

黄　宏：你说买桶油漆还用自己去啊？

巩汉林：那当然啦！装修嘛，就是要发扬"四不怕"的精神。

黄　宏："四不怕"？

巩汉林：不怕麻烦，不怕出力，不怕返工，不怕生气。为了包工头，防止他给你
　　　　作弊，就是买一颗小小的螺丝钉，我都要打的亲自去，便宜！

黄　宏：螺丝钉多少钱一个呀？

巩汉林：（认真地）一毛一呀！

黄　宏：打的费呢？

巩汉林：七十七呀！

黄　宏：（向观众）这脑袋在咱们农村就是让驴给踢啦！（向巩汉林）我告诉你，
　　　　照你这么说，有"四大基本结果"。

巩汉林：什么？

黄　宏：那就是家本基本搞光，身体基本搞伤，生活基本搞乱，夫妻基本搞僵。

巩汉林：哎呀，深有同感啊！（握手）

黄　宏：对嘛！

巩汉林：自从我装修开始啊，我老婆是天天跟我闹别扭。白天，跟你们小工吵；
　　　　晚上，跟我这个老公吵啊！

黄　宏：那你得跟大嫂说清楚，白天可以把老公当小工使唤，晚上千万不可以
　　　　把我们小工当老公使唤呐！

巩汉林：明白了……（松手，生气地）你占我便宜是不是？

黄　宏：我们晚上不加班呢。

巩汉林：真是扰民呢！（走向一侧墙）过来看啊。我准备在这个地方装一台五
　　　　十六寸的背投，这个距离就有一点儿近。

黄　宏：是有点儿近。

巩汉林：先把这面墙……（在墙上做标记）砸掉！

黄　宏：大哥，没问题！不就这面墙嘛！（走近墙）可别说……（观看墙后面）大哥，这墙不能砸呀。

巩汉林：为什么？

黄　宏：这后面是厕所呀！

巩汉林：厕所怎么不能砸？

黄　宏：你想一下，前面是电视，后面是厕所。你要一方便，那不现场直播了吗都？

［黄宏、巩汉林走向中间］

巩汉林：你怎么一点儿浪漫都不懂？

黄　宏：我怎么不懂浪漫呢？

巩汉林：你以为这个厕所就是为了方便用的吗？

黄　宏：这厕所不方便还能干啥玩意儿我不明白。

巩汉林：你可以冲冲凉啊，你可以泡泡澡啊。你想想一下（按下黄宏使坐油漆桶上），如果你坐在这里看电视（将黄宏头扭朝墙），我的老婆坐在那里洗澡……

黄　宏：那我哪有心思看电视啊我……

巩汉林：（推开黄宏）（生气地）我坐在这里看！

黄　宏：那我干啥呀？

巩汉林：砸墙！

黄　宏：砸墙！大哥，（热身）我上大锤了啊！

巩汉林：快一点！（黄宏正要砸时）停！

黄　宏：（急停）大哥，你说。

巩汉林：工钱还没有谈嘛。

黄　宏：哦，那个锤子不同价钱不等。小锤四十，大锤八十。

巩汉林：（诧异地）这就翻了一番呐？

黄　宏：大哥，大锤就相当于大腕嘛，这分量出场费肯定高啊。

巩汉林：呵呵，八十就八十！

黄　宏：谢谢大哥，八十了啊！谢谢大哥！（走向墙）砸了啊！

巩汉林：砸！

黄　宏：（边砸边喊）八！十！八！十……

巩汉林：（急切地）停！

黄　宏：（急停。腰扭伤状）哎哟，大哥！抡锤的时候最忌讳喊停，容易腰间盘突出啊！

巩汉林：（关切地）对不起，我是想问问清楚啊，你是砸一天要八十，还是砸一锤要八十？

黄　宏：（不耐烦地）一天八十！一锤八十那不是一锤子买卖了吗？

巩汉林：那你干吗砸一锤喊一句？

黄　宏:我这么喊心里不是有劲儿吗?

巩汉林:可我心里边没底哟!

黄　宏:那你连订金都不给,我不喊你忘了呢?

巩汉林:好好好好吧!

黄　宏:这个人毛病太大了吧!

巩汉林:小心眼儿!

黄　宏:喊喊都不行!(准备砸墙)我喊了啊!(边砸边喊)八!十!八!十……
　　　　(墙破)大哥,搞定!

巩汉林:好!

黄　宏:大哥,水管砸裂了。

巩汉林:哎哟,太好了,就在这个地方给我搞一个喷泉。

黄　宏:大哥,恐怕不行。

巩汉林:为什么?

黄　宏:(抹脸)下水管!

巩汉林:哎哟哟哟哟!(在墙上另一处作标记)那边不行,砸这边。

黄　宏:砸这边啊?(边砸边喊)八!十!八!十……(墙破)大哥,搞定!

巩汉林:(走近)嘿哟,这边好!啥也没有啊!(手伸到墙对侧)哎呀!(触电状)
　　　　电电电电……

黄　宏:(拎油漆桶)掂什么?

巩汉林:砸砸……

黄　宏:(放下油漆桶,拿起大锤)砸什么?

巩汉林:砸我!

黄　宏:大哥,砸!(砸向巩汉林)

巩汉林:哎哟!(撞向一侧,僵硬地)砸砸砸砸……

黄　宏:(走近巩汉林)大哥,没事儿吧?

巩汉林:(虚弱地)我要跟你讲清楚……砸墙给钱,砸我就不给钱了吧……

黄　宏:(握手)大哥呀,这锤算我送你的。春节大酬宾,砸一送一!

巩汉林:谢谢……哎哟,太危险了……(站起,走向中间的墙,在墙上作标记)

黄　宏:那可不,你得有装修图啊。要不然这一锤子水一锤子电的,真要砸出煤
　　　　气了咱俩全没气儿了。(站起,走近巩汉林)大哥,你画啥玩意儿这是?

巩汉林:图。按照这个图给我在墙上砸一个……

黄　宏:(打断)不行,大哥,承重墙,一砸梁下来了。

巩汉林:不要砸透,砸一半留一半,掏一个壁橱出来。

黄　宏:拿这玩意儿要技术嘞。

巩汉林:哦?

黄　宏：(放下大锤)不能大锤轻举妄动，(取出小锤)先这小锤抠缝儿，(取出锤钉)然后大锤搞定。

巩汉林：小锤好，小锤便宜！(黄宏敲墙。巩汉林边砸边喊)四十四十四十……

[黄宏渐停，巩汉林渐停]

黄　宏：你喊啥啊你喊呐？

巩汉林：你不是讲大锤八十小锤四十吗？

黄　宏：如果再加这四十就一百二了你知不知道？

巩汉林：再打个折，六十吧？

黄　宏：不干！(收拾东西)受你一叱一咤还要求反赚啊你？

巩汉林：(劝说)八十……八十……

黄　宏：(提起大锤)没那耐性，直接上大锤。(边砸边喊)八！十！八！十……(墙破)大哥，搞定！

巩汉林：(走近黄宏)好啊！

[林永健(饰中年妇女)上，持扫把，从墙窟窿中出]

巩汉林、黄宏：(惊恐地)哇！！

林永健：干吗呢？干吗呢？干吗呢？

巩汉林：大嫂，没干吗，我只是想拓展一下空间。

林永健：你拓展空间，到我们家来干吗呢？

黄　宏：大哥，那不是你家里屋啊？

林永健：那是我家里屋！

黄　宏：砸过界了都。

巩汉林：大嫂，我本来不想过界，只是想掏一个壁橱。

林永健：你掏壁橱啊？我们家壁橱刚做好，我正扫灰呢，好啊一个大锤抢过来了！幸亏我躲得急呀，要不我这个脸啊可就破了相了知道吗？(哭泣)

黄　宏：(拉近巩汉林，悄悄地)哎哟，大哥，就这模样破相等于整容啊！

林永健：说啥啦？说啥啦？(黄宏、巩汉林走近林)我跟你讲，买个房子容易吗？一墙一柱啊，让你们就砸成破房子了！(唾沫飞溅)

黄　宏：(抹脸)大哥，比下水管还那个！

巩汉林：大嫂，别生气！你看常言说得好：有了这堵墙，我们是两家；拆了这堵墙……

林永健：(打断)也是两家！

黄　宏：对！各家和各家不能私通嘛！

林永健：说啥啦？说啥啦？

黄　宏：不能私自打通嘛。

林永健：行了少废话，你们说怎么办呢？

巩汉林：马上给你砌墙。

林永健：砌！

黄　宏：能拆就能砌，能破就能立，［取出砌砖工具］瓦工我也会……

林永健：（打断）等会儿……我先过去。（走进墙窟窿，下）

黄　宏：大嫂啊，来串门呐！我要砌了，走正门……

巩汉林：（打断，喊）黄大锤！我看你就是一个活大锤！

黄　宏：我也不知道她抠了一半儿了，我往整个墙使劲呢！

巩汉林：你给我砌墙！

黄　宏：砌墙行。砖呢？

巩汉林：（反问）砖呢？

黄　宏：砸她家去了。

巩汉林：搬去！

黄　宏：大……大哥，我不敢……我一看她那模样，我也怕破相啊！（唾沫飞溅）

巩汉林：（抹脸）那我怎么办哪？你看看这墙……

［另一侧墙传来响声］

黄　宏：大哥，隔壁有动静。（巩汉林、黄宏走近墙。贴墙上。）听见没有？程序
　　　　都是一样的，先是小锤抠缝儿，然后大锤搞定。（回过神，喊）搞定！
　　　　（两人迅速远离墙）

［墙塌，林永健（饰装修工）上］

巩汉林：干什么哪？

林永健：哎呀，大哥对不起呀！我想掏个壁橱，砸过界咯！（林永健下，二人追）

黄　宏：（巩汉林、黄宏停）大哥，咱有砖啦！砖啊！

巩汉林：那么这面墙怎么办？

黄　宏：你管那么多？咱先拆了东墙补西墙呗！（砌墙）

巩汉林：（焦虑地）哎呀，我怎么那么倒霉呀！这东一锤西一锤，把我的好好一
　　　　间房给砸成了蜂窝煤啦！

［林永健（饰业主）上。］

林永健：喂喂喂！谁砸的？谁砸的？谁砸的？

黄　宏：我……我砸的。

林永健：谁让你砸的？

巩汉林：（暴躁地）我让他砸的！怎么样？

黄　宏：（拉近巩汉林）别太横了，可能是物业的……

巩汉林：物业有什么了不起？装修保证金我已经交过了。（走近林永健）我告
　　　　诉你，我想怎么砸，我就怎么砸，因为这是我的家！

林永健：你们家住几层啊？

巩汉林:九层。

林永健:(生气地)这儿是几层?

巩汉林:九层!

黄　宏:大哥没错,(拉林永健至门外)你看着牌子写了的嘛。你看这门口挂了个牌子,上面写着"九层"嘛。

林永健:你知道什么呀你?我告诉你,这是昨天对门那家砸墙,把这个钉子给震掉了,这不是九层是六层!你们砸的是我家!

黄　宏:大哥,把人家的房子给砸了……

巩汉林:找物业找物业去……

[巩汉林、林永健下]

黄　宏:(喊)大哥!大哥!没给钱呐!八十啊!大哥,农民工工资不能拖欠!你跑,你跑,我让你跑!我告诉你!(进屋)你跑得了和尚你跑不了庙!今天我坐这儿死等。(坐台阶上)我……(钻孔机从黄宏座位下出)哎呀!楼下往上打电钻啊!打漏啦,上医院啊!

[黄宏下]

 思考与探究

　　电视小品要求剧本比较夸张,观看小品视频资料后,自选其中一段,说说作者采用夸张手段的目的及表达的效果如何?

邻居 (节选)

表演者:黄　宏　巩汉林　刘亚津　林永健

巩汉林:朋友们,买房子千万要注意,一定找个好邻居,楼上装修漏了水,我家天天洗淋浴。

(冲着二楼喊)二楼有人在吗?你家装修漏水,把我家厨房给泡了,三天没开火了!

买房子要自己拿主意,千万别信别人的,开发商说买一楼接地气,纯属狗年放狗屁,他一放屁我受气,接着回家洗淋浴。

刘亚津:(上台)哎哟,不得了啦,了不得啦,(冲着二楼喊)二楼的邻居有人吗?你们家装修,我们家暖气咣一下就断气了,我老婆生完孩子刚出院,本来身子就不行,回到家暖气全都停,孩子吃奶裹不住,奶水都变成冰激凌,邦邦的!

黄　宏：去年给人砸墙，今年给人看房，房主大姐把钥匙亲手交给我，这说明对
　　　　咱打工的分秒不设防，叫我到她家别客气，住她家的双人床，照这样下
　　　　去太危险，弄不好给人当新郎。
　　　　房主大姐说进门打开玻璃窗，把屋里的甲醛放一放，现在城里人活得
　　　　越来越讲究了，不怕假货，怕甲醛。
　　　　（掏出一个袋子）这是我买的熏鸡头、酱鸡肘、烤鸡屁股，城里人都说吃
　　　　鸡太危险，今天我就要消灭禽流感。［从外面的窗户里扔进一个扳子］

黄　宏：有人。（拿起地上的扳子，黄宏躲起来，巩汉林从窗户跳进来）

巩汉林：开着窗户锁着门，屋里果然没有人。酒菜都预备好了，今天我要开开
　　　　荤。哎，我的扳子呢？

黄　宏：小偷。

巩汉林：大哥你别误会，我是邻居。我住楼下的110。

黄　宏：小偷还敢住警察的地方。腰里什么玩意儿，鼓鼓囊囊的？

［巩汉林解下腰上的红腰带］

黄　宏：属狗的？

巩汉林：是，36，属狗的。

黄　宏：一看就像，就是一个腊肠。

巩汉林：过奖了，我没有那么纯，他们说我是"串儿"。

黄　宏：这么扎不吉利啊。

巩汉林：那应该怎么扎？

黄　宏：12岁往前搭，24岁往后拉，36岁挽个花，然后在后面一拍。

巩汉林：（发现自己被绑）大哥你这是干什么？

黄　宏：有同伙吗？

巩汉林：没有。

［外面又有一个扳子扔进来］

黄　宏：来了！

巩汉林：（对黄宏说）你把我放开，我们两个合伙对付他。

黄　宏：我把你松开，你们两个一起对付我呢？

［把巩汉林推到窗帘后面］

刘亚津：开着窗户锁着门，家里肯定没有人。还有酒，先喝一口暖和一下。咦？
　　　　我的扳子呢？我的扳子哪去了？

黄　宏：小偷。

刘亚津：大哥你误会了，我是楼上的邻居，我住315。

黄　宏：小偷还敢住打假的地方？举起手来。

［刘亚津露出红腰带］

黄　宏：今年也本命年吗？看你这一脸褶子，沙皮啊？

刘亚津：他们说我是京巴。

巩汉林：大哥你别生气，你听我解释，我们俩真的不认识。〔巩、刘把黄绑上了〕

黄　宏：我给看房的，房东出国了。

林永健：干嘛呢，干嘛呢？

黄　宏：大姐，你不是出国了吗？没走？

林永健：甭提了，去年我不整容了嘛，今天一到海关，他们说我太漂亮了，本人
　　　　与照片不符，拒签，回来了。

黄　宏：大姐，你给我解开啊！

林永健：我给你解开，三更半夜的你要是冲进我的房间，我不放心，我还要保留
　　　　我的青春年华呢！

黄　宏：(对着远走的林永健)大姐，你不给我解开，三更半夜你冲进来，我也不
　　　　放心，我也要保留青春啊！

 注释：

①《装修》和《邻居》分别节选自 2005 年、2006 年中央电视台春节联欢晚会
的小品。

 思考与探究

1. 小品属于戏剧的一种，了解剧本创作的有关知识，自选题材，以小组为单位
各创作一个剧本，在全班范围内进行评选。

2. 仔细阅读下面这篇《从〈装修〉到〈邻居〉》戏剧评论，谈谈作者从小品里面看
出当前物管的哪些问题。

从《装修》到《邻居》
——透过小品看物管
吴建华

近年来，随着我国房地产业的快速发展，涉房的文艺作品日渐多了起来。2005 年、
2006 年先后亮相央视春节联欢晚会的小品《装修》、《邻居》就是其中的优秀代表。
其出彩的经典台词、诙谐搞笑的情节，反映了当前业内存在的突出问题，表达了老
百姓的心声，给广大观众留下了难以磨灭的深刻印象。

台词一：高档高档，就是高高兴兴让你上当

刘亚津：发展商说我们这里是高档社区。

黄　宏：高档高档，说白了就是让你高高兴兴上当……啥豪宅呀？开发商都连
　　　　蒙带唬的，有个包就说是山，有个坑就说是水，撒泡尿就说有温泉。

毫无疑义，上述精彩对白的矛头就是指向当前形形色色的房地产虚假广告。的确，开发商为了售房，几乎使尽了浑身解数，十八般武艺悉数上阵。其中，最重要的一招就是铺天盖地开展广告宣传。"我把长江送给你"、"给你一个带公园的家"、"××名苑天下无双"……楼盘有名无实、夸夸其谈是众多开发商制造卖点的惯用手段，广场无场、花园无花、商城无城的现象屡见不鲜。名为"花园"，绿化率却不足20％；名为广场，露天公共场地面积只有区区数百平方米……名不副实、哗众取宠的虚假广告让购房者深感云山雾罩，或不知所措，或大呼上当，就连巩汉林等大腕级的购房者也概莫能外，只好发出"买一楼接地气，纯属狗年放狗屁"的感叹，各地关于房地产虚假广告的投诉量也因此而一直居高不下。

台词二：质量上不去，价格下不来

黄　宏：现在很多物业的服务就同你们俩的名字似的，质量上不去，价格下
　　　　不来。

巩汉林：大哥，那你说我们交多少合适？

近年来，"质次价高"，似乎是许多城市的业主对物管企业的一致评价。其中虽不乏少数业主的偏见，但也确确实实反映了当前物管行业存在的一些突出问题。相当部分的物管企业长期徘徊在清扫保洁等简单、低层次的服务水平上，与业主需要的全方位、深层次的服务相距甚远。有的物管企业服务意识淡薄，物管企业同业主之间纠纷迭起，"保安殴打业主"之类的新闻时常见诸报端。"教育质量上不去，学费下不来；医疗水平上不去，药费下不来；物管质量上不去……"物业管理已同教育质量、医疗服务等社会热点问题平起平坐，处于一种上不去、下不来的尴尬境地。物业管理究竟卡在何处？如何让物业管理的质量升上去、价格降下来，既是广大业主的一致心声，也是物管企业面对的一个重要课题。

台词三：装修保证金我已经交过了

黄　宏：（拉近巩汉林）别太横了，可能是物业的……

巩汉林：物业有什么了不起？装修保证金我已经交过了。我告诉你，我想怎么
　　　　砸，我就怎么砸，因为这是我的家！

无论是2005年的《装修》，还是2006年的《邻居》，二者的剧情均因房屋装修而起。2005年民工"黄大锤"在《装修》中帮助巩汉林装修房屋，砸墙过界，殃及四邻，自己也深受其害。在2006年的《邻居》中，"黄大锤"又帮东家（林永健）看房，在屋里乱改暖气和煤气管道，给楼上楼下邻居的生活带来了诸多不便，"黄大锤"已经成为野蛮装修的又一代名词。为何业主能理直气壮地野蛮装修而置他人利益于不

顾？这位巩姓业主在 2005 年的《装修》中给出的理由就是——"物业有什么了不起？装修保证金我已经交过了"。诚然，物业是没有什么了不起，但难道交了保证金，业主就可为所欲为，物管企业就可万事大吉、不闻不问、听之任之了吗？不言而喻，收取装修保证金，只是规范业主装修行为的一种手段，而不是终极目的。物管企业如何利用装修保证金的杠杆，加强宣传、健全约束管理机制、有效管制房屋装修扰民，同样是一个值得认真探讨的课题。

台词四：不停水不交流，不断气不通气

巩汉林：现在的邻居，楼上楼下互相都不认识。

刘亚津：我们之间都不来往，都是通过门镜观察对方。

黄　宏：城里人怪呀，邻居之间不停水不交流，不断气不通气。

小品《邻居》表现了现代城市人冷漠的邻里关系，同住一栋楼竟然相互不知姓名，不打招呼，形同路人，大多数人都是透过厚厚的防盗门的"猫眼"看别人……看过这部小品后，许多人发出了"城市没有邻居"的感叹。艺术源于生活，又高于生活。透过 2005 年的小品《装修》到 2006 年的《邻居》，今后我们但愿听到的不只是业主的抱怨，还有更多的期盼；但愿不只是物业管理和房地产业消费问题多多的昨天，还有充满希望的明天。（选自《现代物业》2006 年第 4 期）

生活·语文

立秋（节选）

姚宝瑄　卫　中

课文导读

　　《立秋》演绎的是晋商题材，它讲述了丰德票号马氏家族在民国初年时局动荡之时，面临着生死存亡的考验。总经理马洪翰面对客户挤兑、天津票号被烧、大批国内外借款不能收回的困境下，他恪守祖训，循规蹈矩，誓死为丰德护碑守门，副经理许凌翔则主张革新，顺应潮流，抓住机遇，将丰德票号融入现代银行业的轨道。仁者见仁，智者见智，一场"银行派"与"票号派"的纷争在两个情同手足的挚友间展开了。昌仁与瑶琴是许、马两家因商业利益而联姻的一对不幸儿女，瑶琴在绣楼上苦等昌仁六年，不料，昌仁留学回国之时，却另有所爱。故事在一对对矛盾中展开，而一对对矛盾又将故事情节推上一个个高潮。冲突不断，高潮迭起，动人心魄，意味深长。

　　《立秋》主题厚重，寓意深远，生动地描述了丰德票号从内外交困、危机四伏直到彻底没落的历史瞬间，展示了晋商自强不息、诚信为本的精神操守，同时也反映了他们顽固保守的封建传统思想，展现了传统文化的合理性与保守性之间的重大差异。揭示了历史转变关头和社会转型时期，改革创新与因循守旧之间的矛盾冲突及其必然结局。

　　本剧以"立秋"命名，有其丰富的内涵和寓意。"立秋"首先是一个时间概念，是自然气候由热转凉的一个转折点，在这里，它关联着历史兴衰，寓意着晋商由繁盛转向没落的深层含义。同时，"立秋"在山西人的风俗中是个祭祖的日子，这又涉及祖宗与后代、传统与现代的历史对话，而剧情的发展与此息息相关。

　　没有矛盾就没有戏，话剧《立秋》所有的故事情节发生在一天之内，这无论对编剧还是对导演都极具挑战性。深广的历史背景、宏大的舞台场面、复杂的社会关系、多样化的人物性格，通过强烈的矛盾冲突，都借"立秋"这天恰到好处地充分展现出来。

　　本教材节选的是该剧的最后两章。

时间：
民国初某年立秋前后

地点：
晋商丰德票号总经理马洪翰的家——一座威严而神秘的大宅院内

人物：
马洪翰：男，五十岁出头，晋商丰德票号总经理
许凌翔：男，五十岁，丰德票号股东，副总经理
老太太：女，七十岁，马洪翰之母
凤　鸣：女，四十七八岁，马洪翰夫人，许凌翔儿时好友
马瑶琴：女，十八岁，马洪翰之女，马江涛之妹，许昌仁的未婚妻
马江涛：男，二十余岁，马洪翰之子
许昌仁：男，二十二三岁，许凌翔之子。马瑶琴在绣楼上苦等六年的未婚夫
张克明：男，四十余岁，票号总部驻天津分号经理
文　菲：女，二十一岁，许昌仁留英时的同学，南方"长通"票号总经理之女，许
　　　　昌仁现在的女友
马　用：男，近六十岁，马洪翰管家
赵成才：男，总号掌柜
郝班主：男，四盛班班主
余义利：男，丰德上海票号经理
董事韩二爷、王顺等：男股东
春兰、秋菊、红梅等：女佣人们

第 六 章

立秋之日，（丰德）票号走入绝境，许凌翔返回相助，无奈杯水车薪。
马洪翰：问天问地问古问今，我该怎么办？难道就这么输了吗？
[丰德票号总号内]
[门外传来嘈杂叫喊声。家丁们匆匆来去，赵成才惊慌失措，张克明应对门外的客户们]
　　[马洪翰急上]
马洪翰：赵经理，外面是怎么回事儿？
赵成才：总经理，可不得了啦，省里各地的客户，来了一大批，都在门外等候兑

银票。

马洪翰：库银呢，拿出来兑给他们！

赵成才：三个月前外地票号吃紧，您吩咐动用库银，大部分拨出去了……

马洪翰：还剩多少？

赵成才：只有几万两银子了。

马洪翰：克明，省政府借我们的款……

张克明：老爷，催过多少次了，他们说借款的是大清政府时期的省政府，原来的
　　　　官儿找不到，不认账……两百多万呀，老爷，打水漂啦！

马洪翰：那……那橡胶股票呢，六百万两的橡胶股票呢？

张克明：上海来电报，橡胶股票跌得如同废纸了。

[马洪翰怔住，脸色铁青]

赵成才：总经理，外面许多客户都是许凌翔副总经理的关系，他只要说句话，挤
　　　　兑的可能就散了。他还没走，我这就去把他请来！

[许凌翔上]

马洪翰：你给我站住！他是丰德的贰臣！

许凌翔：往事不可谏，来者犹可追，凌翔绝无贰心！

马洪翰：人招人百招不应，丰德票号拿银子说话！

许凌翔：我已经让昌仁速回祁县，将我家中银两悉数运来，以解丰德燃眉之急！

马洪翰：(一愣)哼，你有多少家财？

[外面吵嚷声越来越大，挤兑的客户拥上]

客户甲：马老爷，我这十万两银票，凭什么不给兑！

客户乙：丰德可从没有兑不出银子的事哇！

客户丙：甭跟他废话，快拿银子来！

客户们：对，拿银子来！

许凌翔：父老乡亲们，你们放心，丰德票号自创建以来便以忠义诚信取信于国
　　　　人，存取自由，是客户的权利。丰德票号的银子，正在押解的路上呢，
　　　　你们先找个地方住下，马总经理和我以我们的人格担保，以山西商家
　　　　五百年的信义担保，明天，一定会让你们满意的。

[众议论纷纷。]

一老者：马老爷，许先生，看在丰德百年字号守信如山的分上，我们就再等上
　　　　一天。

[众下，马用上。]

马　用：老爷，海外急电！

马洪翰：说什么？

马　用：彼得堡的欠款让俄国政府给扣住，驼二爷也自尽了！

[总号里乱成一团,马洪翰跌坐一旁。]

[赵成才与许凌翔耳语]

许凌翔:你大点声音说!(重复赵成才的话)冻结北京、上海分号本金,你我携
　　　　手另立门户?

[众惊]

张克明:赵成才,你、你这个卑劣小人,我把你……(揪住赵成才)

许凌翔:放开他! 赵成才,你忘了我们晋商做人的原则——纤毫必偿为信,时
　　　　刻不易乃忠。你枉为丰德人啊!

赵成才:(恼羞成怒)哼,许凌翔,你是丰德人,你去而复返想干什么?

许凌翔:小人之心! 我去而复返,一为援手洪翰兄度过难关,二为维护票号信
　　　　誉、万千储户之利益,三为振兴中华民族金融大业,而不是为丰德护碑
　　　　守门,更不是为个人私欲!

赵成才:(哀求地)总经理……

赵成才:恕不奉陪,恕不奉陪……(溜下)

马洪翰:非我不为,非我不能,是天不容我为啊!

许凌翔:(拿出一封信)洪翰兄,这是文菲小姐临走时留下的她父亲的信和
　　　　礼物。

马洪翰:(颤抖着接过信)“……江南山西心连心,携手同舟渡难关……”

[许凌翔示意张克明打开礼物盒]

张克明:(拿出一顶金帽子)老爷,是一顶金帽子?

马洪翰:(震惊)金帽子?(手拿金帽子苦笑)面对这金光闪闪的尤物,真是羞愧
　　　　难当,无地自容! 这是他文郁波事业有成的见证! 而我马洪翰呢? 无
　　　　能啊! 我何颜收受如此重礼? 克明,退回!

许凌翔:洪翰兄,文先生情浓意切,危难时刻不可拒真情援手于门外。

[老太太急上。]

马　用:老爷,老太太来了。

马洪翰:娘,您怎么来了?

老太太:出了这么大的事,我能不来吗?

马洪翰:您来了也好,我想和您商量……

老太太:商量什么?

马洪翰:……把我们马家所有的金银细软、房产地契拿出来。

老太太:你想干什么?

马洪翰:以家产抵债!

许凌翔:洪翰兄,以家产抵债使不得! 我的股金全部在这儿,拿去应急吧!

马洪翰:(苦笑)杯水车薪,无济于事。娘,诚信是丰德票号的准则,更是我们对

客户的承诺,祖训难违,以家产抵债,也只有这一条路可走了。

老太太:(厉声地)站住!

马洪翰:娘!

老太太:马洪翰! 自打我嫁到马家,在这座大宅院里生活快六十年了。我有耳,会听;有眼,会看;有心,会想。堂堂山西商家称雄华夏几百年,哪个像你,不能审时度势,顺流而动。盛败兴亡之际,你既无支撑大局的良策,又不听忠言,独断专行,大事临头,生死关口,你镇静自若在表面,六神无主于内心,只能落个倾家荡产,连个窝都守不住! 你……为娘今天要代祖宗施行家法,痛打你这个……你这个……刚愎自用的……(挥杖欲打)

马洪翰:娘,你打吧,打我这个不肖子孙……(跪下)

许凌翔:(跪下)姑妈! 要打您就一块儿打吧! 地冻三尺,非一日之寒,我中华大地屡屡遭受外敌侵犯,兵匪摧残,民不聊生,商机丧失,皮之不存,毛将焉附。丰德走到今天,绝不是洪翰兄一人之过。许马两家,血脉相连,我许凌翔宁肯一文不名,沿街乞讨,也不会让丰德的忠义诚信毁在我们手中啊!(大声地)天地生人,有一人应有一人之业;人生在世,生一日当尽一日之勤。勤奋、敬业、谨慎、诚信……

[众齐诵念。]

[聚光马洪翰]

马洪翰:列祖列宗,在天之灵,马家大院变成了大海中的一叶孤舟! 不肖子孙马洪翰走投无路了!

列祖列宗,这里的一砖一瓦、一草一木都浸透着你们的汗水,凝聚着你们的情感,三百年的拼搏,十三代的努力,才成就了这巍巍城堡,十里长街,南北二府,七七四十九堂啊! 你们用豪情和坚毅为儿孙们铸造了心中永恒的家园! 你们把经商的智慧,用于造城,把理想垒在砖石上,把先贤的教诲刻在墙壁上,告诫我们—— 勤奋、敬业、谨慎、诚信——所以才有了儒商兼容,人才辈出的晋商辉煌!

列祖列宗啊,难道这一切都要毁灭消失吗? 丰德票号今天遭此厄运是谁之过? 是我的德行不如先人吗? 先人的教诲我铭记在心,身体力行,一刻不敢忘记! 是我的智慧不如他人吗? 我熟知财富增值的奥秘,票号钱庄,开遍大江南北! 是我的胸怀不够宽大吗? 俄罗斯的风,东瀛的水,关外的雪,岭南的雨,汇集在我的心里,四面八方,条条大道,都通着我丰德啊! 问天问地问古问今问自己,我该怎么办啊? 我马洪翰不服,不服! 我到底输在了哪里?

老太太:祖宗的字典上,就没这个输字!

马洪翰：娘，上百家的老客户都没走，我怎么向他们交代啊！

老太太：马用，立秋时辰，后花园祭祖！

马　用：（大声传话）立秋时辰，后花园祭祖！

［切光］

第　七　章

立秋日举行的祭祖大典，让（丰德）票号绝处逢生，保住了山西商家［诚信］的信誉。风雨飘摇中，刚强无比、深谋远虑的老太太坐化而亡。

［后花园。］

［凤鸣指挥佣人们准备祭祖大典。］

［马洪翰和许凌翔搀扶着老太太。］

老太太：都说早上立了秋，晚上凉飕飕。我凉，我凉啊！

马　用：老爷，行祭祖礼吧？

老太太：等等，时辰还没到。凤鸣，你过来。

凤　鸣：娘。

老太太：（摘下挂在龙头拐杖上的钥匙串）这是咱这座大宅院里十九个院落，四座楼，东南西北门上的钥匙，交给你啦！这每个院，每座楼，每个大门，每个角落，都有许许多多的故事，都是祖祖辈辈的心血啊！你要看好它，让他们这些男人们有个窝，有个牵挂，千里万里地回来了，有个吃饭睡觉的地方，他们心里就踏实啦！

凤　鸣：（呜咽地）娘，凤鸣记住了！

老太太：（从怀中拿出一张银票）瑶琴呐，这是给你的……

［众鸦雀无声。］

马洪翰：（猛然想起）瑶琴！春兰秋菊，快请小姐下绣楼参加祭祖。

凤　鸣：走了，她走了！

马洪翰：（一惊）她……她上哪去了？

老太太：上学去啦！

马洪翰：（愣住）她……她怎么走的？

老太太：我放她走的。这是八十万两银票，是我积攒的私房钱，凤鸣拿着，这是奶奶给她将来置办嫁妆用的。男大当婚，女大当嫁，不嫁昌仁嫁别人，由她自己挑选吧！

凤　鸣：（忍不住，抽泣起来）娘！

许凌翔：姑妈，我和昌仁，对不起您……

马洪翰：瑶琴，爹糊涂啊，是爹害了你！爹今生对不住你，来世再给你补偿……

老太太：对！今世欠下的，来世再还吧……洪翰，听说那个唱戏的冯老板就是江涛？

马洪翰：娘……是他。

老太太：江涛啊，马家的独苗苗，奶奶怕是见不到你啦！他是个仁义孝顺的孩子，早晚会回来给奶奶上坟的。

凤　鸣：（痛哭失声）娘，儿媳没尽到责任。

马洪翰：娘，儿子不孝，儿愧对祖先，儿有罪！

老太太：儿孙自有儿孙福，我不再为你们操心啦！洪翰呐，马家大院的上千口子，丰德的上万职员工人，都看着你们呢！丰德不能没有凌翔，你得把他请回来！

许凌翔：姑妈，我在这儿！

老太太：儿啊，记住，所谓一言兴邦，一言丧邦，家国兴败得失在于寸心一念之间。你可不能再错失良机了。

［钟声响起。］

马　用：（高喊）时辰已到，秋祭大典开祭！

［祭奠音乐起］

［端着供品，吹打鼓乐和举着彩旗的佣人们列队走上。］

马　用：（高喊）上香！

［众人燃香］

马　用：（高喊）跪拜祖先。

［众人齐刷刷跪倒］

马　用：（高喊）一叩首……二叩首……三叩首……礼毕！

［老太太体力不支，挣扎着爬起来］

凤　鸣：（扶起老太太）娘，您坐这儿歇会儿。

老太太：给祖宗磕头，不累。拿去，这是地下金库的钥匙。

马洪翰：地下金库？

老太太：儿啊，咱晋商"纤毫必偿，诚信为本"，宁可人欠我，不可我欠人，娘把祖宗家底拿出来，帮你渡过难关！

马洪翰：（激动万分）娘……

老太太：（以拐杖指）地下金库就在那儿——神龛后面！

马洪翰：快，马用，打开金库！

［几个男佣挖掘。］

［马洪翰把钥匙给了马用，马用开启金库，一道金光闪灼。］

马　用：（惊叫）金子！老爷，救命的金子呀！

众：(惊叫)金子，金子……(抽泣声)

马洪翰：金子……(呆立不动)

老太太：库里藏着六十万两黄金，这六十万两黄金是咱马家十三代攒下的家底！

[众跪，抽泣]

老太太：洪翰，凌翔，把它们拉到总号去，折成白银拨给全国各分号钱庄。(艰难地说出)丰德的声誉保住了……(气竭力衰)

马洪翰：娘……(扑过去抱住老太太)

许凌翔：姑妈……

老太太：告诉祖宗，山西商帮还在，山西商帮的子孙还在，不管遇到多大的事儿……

许凌翔：不低头，不服输。

老太太：都要拧成一股绳，一个劲儿地往前奔呐……

众：记住了。

老太太：(用最后一口力气支撑着，领诵祖训)天地生人……

马洪翰、许凌翔：有一人应有一人之业……

老太太：人生在世……

许凌翔、马洪翰：生一日当尽一日之勤。

[众人齐诵：勤奋、敬业、谨慎、诚信……]

[一声霹雳。老太太坐化而亡。漫天落叶。]

众：(惊呼)老太太！

尾　声

危机虽然渡过，风光已是不再；数百年的晋商辉煌，留给人的是不尽的思索。

[树木萧萧，马洪翰领着一个小男孩上。]

马洪翰：(感伤地)立秋了，立秋了，早上立了秋，晚上凉飕飕。吃烙饼不苍老，不苍老吃烙饼。

男　童：老爷爷，我不吃烙饼。

马洪翰：你想吃啥？

男　童：老爷爷，我想吃刀削面！

马洪翰：一听就是个山西娃，离不开面。

[一阵秋风吹过，落叶飘零]

男　童：老爷爷，这树叶长得好好的，怎么就落了呢？

马洪翰:立秋了。

男　童:后来呢?

马洪翰:白露。

男　童:后来呢?

马洪翰:霜降。

男　童:后来呢?

马洪翰:立冬。

男　童:后来呢?

马洪翰:小雪。

男　童:后来呢?

马洪翰:大雪。

男　童:后来呢?

马洪翰:立春。

男　童:后来呢?

马洪翰:(陷入沉思)……

[时光随四季变化流逝,天际中越来越远的男童发问声"后来呢?"不绝于耳,发人深思。]

[幕徐徐闭。]

[剧终。]

思考与探究

1. 在丰德票号生死存亡的关键时刻,老太太为什么还要祭祖?

2. 讲究诚信经营的丰德票号为什么会"沦落"到倒闭的境地?

3. 说说你是如何理解"天地生人,有一人应有一人之业;人生在世,生一日当尽一日之勤。勤奋、敬业、谨慎、诚信……"这句话的含义。

4. 作者为何用"立秋"这一中国传统节气作为该剧的题目,说说你的理解。

角色模仿表演

活动目的

戏剧是模拟生活的艺术,本综合实践活动定为戏剧角色模仿表演,目的是让学生在模仿表演中,深入了解戏剧与生活的关系,锻炼语言表达、舞台表演表现能力。

活动过程

1. 把课文《群英会蒋干中计》(单元四)中精彩的对白和片段找出来。
2. 揣摩找到的对白和片段,并分小组进行角色模仿表演。
3. 评出最佳组织奖、最佳导演、最佳编剧、最佳演员。

活动锦囊

戏剧演员表演时必须完整地再现舞台行动过程,表现角色性格。因此必须内心与外形统一、内容与形式结合。演员既要感受到人物的思想感情,为人物的生活目的而行动起来,也要组织与选择最恰当准确的舞台动作和台词,从而表现出人物性格。戏剧演员能否动情并以情感人,往往是表演创造成败的关键。既要敏于感受和体验舞台情感,又要善于表达这种情感,既要敏感,又要善于控制自己,使观众被表演所感动,做到体验与表现结合、敏感与控制结合是表演艺术的基本要求。演绎戏剧,是感知、模仿、造型、想象、控制情感的统一,在表演中能培养健康的审美情趣、良好的艺术修养,引导观众向真、向善、向美,全面和谐地发展。

语文综合实践活动学习小组评价表

评价项目	评价内容	评价结果		
		优秀	良好	待努力
学习态度	对学习始终抱有极大热情，认真对待，积极参与			
学习方法	找到适合的方法，能与其他小组交换、共享信息，善于请教			
组织合作	分工明确、合理，配合默契			
工作能力	信息筛选、整理、加工			
	多媒体制作			
	成果展示			
	创新			
	沟通协调			
学习反思	最大的收获是什么？活动中有遗憾吗？谈谈此次学习活动的感受吧！			

单元学习小档案

序号	项　目	内　容	备　注
1	单元作家谈		
2	单元新字词		
3	成语巧积累		
4	单元找佳句		
5	佳句我来写		
6	单元我最爱		
7	巧用网络搜		
8	单元练习我来出		
9	单元学习小疑问		
10	单元学习来拾趣		
11	意外小收获		
12	学习小建议		
注	1. 佳句我来写：对你所选出的单元佳句进行仿写，创造属于自己的佳句。 2. 单元我最爱：单元学习结束后，选出一篇你最喜欢的文章。 3. 巧用网络搜：查找一篇你喜欢的，并与本单元体裁相同的文章，可以小组内或全班分享。 4. 单元练习我来出：结合本单元的学习内容，为自己出一个单元过关测试题。 5. 单元学习来拾趣：谈谈自己在本单元学习中遇到了哪些有趣的事。		

单元六 古 诗 文

单元导语

诵读古诗文浸润书香

本单元的学习重点是古诗文诵读。优秀古诗文是我们民族文化的精华之一，"熟读唐诗三百首，不会做诗也会吟。"诵读是学习古诗文最重要的一种方法。通过诵读，我们可以加深对古诗文的理解和感受，增加语言积累，陶冶情操，提高文化品位。

《静女》是爱情诗，诵读时要读出其节奏感和旋律美，感受质朴纯真之情、回环复沓之美；《归园田居(其一)》要通过反复诵读，理解作者守志安贫、不与世俗同流合污的独立人格和高洁志趣；《登高》讲究韵律节奏，通过声情并茂的吟诵，感受古典诗歌的格律美、音韵美，也有助于培养语感，进入诗歌的情境；《寡人之于国也》通过朗读体会孟子长于雄辩的语言特色；《劝学》长于说理，论点鲜明，善用比喻论证和排偶句式，富于文采，朗读宜富有节奏感，读出铿锵气势，显示强大的说理力量。

本单元的专业·语文和生活·语文部分选编了《弟子规》、《〈礼记〉五则》、《百家姓》等国学经典，教导我们为人处世的规范，让我们做到与经典同行、与经典为友。本单元还安排了"探寻姓氏中的秘密"语文综合实践活动，旨在引导学生探寻姓氏中蕴涵的秘密，了解自己姓氏中的名人及故事。同时，培养和提高学生搜集信息、整理信息的能力。

静　女①

《诗经·邶风》②

课文导读

　　《静女》是一首爱情诗歌。在诗人心里，自己喜爱的女子既温柔娴静又美丽无比。他早早地赶到了约会地点，却看不到心上人的倩影。等待中诗人急得抓耳挠腮，不住徘徊，抚弄着她送的"彤管"，它那么好看，叫人爱不释手；还有她送的一束荑草，格外的美丽！诗歌的语言虽然平淡，但有情节，很风趣。诵读时，宜用自然的停顿，读出诗歌优美和谐的韵律，并于重章叠唱中体会情节发展的节奏，感受主人公纯真而热烈的感情。

　　静女③其姝④，俟⑤我于城隅⑥。爱而不见，搔首踟蹰。
　　静女其娈⑦，贻⑧我彤管。彤管有炜⑨，说怿女美⑩。
　　自牧归荑⑪，洵美且异⑫。匪女之为美⑬，美人之贻。

 注释：

① 选自《诗经·邶风》。邶(bèi)，邶国(今河南汤阴境内)。

②《诗经》是我国第一部诗歌总集，共收入从西周初期到春秋中期约500年间的诗歌305篇。《诗经》分为风、雅、颂三类，题材广泛，普遍运用赋、比、兴的手法，语言以四言为主，朴实优美，音律和谐悦耳，其中不少篇章采用重章叠句的艺术形式。

③ 静女：淑女。

④ 姝(shū)：美好，漂亮。

⑤ 俟(sì)：等待。

⑥ 城隅(yú)：城墙角落。

⑦ 娈(luán)：美好。

⑧ 贻(yí)：赠送。

⑨ 炜(wěi)：红而发光。

⑩ 说怿(yuè yì)女美：喜爱你的美丽。说怿，喜爱。说，通"悦"。女(rǔ)，通"汝"，你。

⑪ 自牧归(kuì)荑(tí)：从郊外采来茅荑相赠送。归，通"馈"，赠送。荑，初生的茅草。

⑫ 洵美且异：确实又美丽又出奇。洵，诚然、实在。异，特殊。

⑬ 匪女之为美：不是茅草美丽。匪，通"非"。女，通"汝"，指荑。

思考与探究

1.《静女》全诗主要写了什么内容？

2. 发挥你的想象，把《静女》改写成一篇小故事。

3. 课外阅读《诗经》中《卫风·氓》，比较这两首诗，了解《诗经》中赋、比、兴的手法，品味这些诗句的艺术效果。

归园田居(其一)

(东晋)陶渊明

课文导读

陶渊明(365—427),字元亮,别号五柳先生,晚年更名潜。东晋浔阳柴桑(今江西省九江市)人。生于东晋末期,出生于没落的地主官僚家庭,他少时颇有壮志,博学能文,任性不羁。后来做过小官,由于不满官场的丑恶,弃官回乡,这时他41岁,从此过着"躬耕自资"的隐居生活。

《归园田居》共五首诗,反映了陶渊明辞官归隐后闲适的田园生活,表现了作者超俗不凡的品质和洒脱愉悦的心境。本文选取的是第一首。诗中运用白描的手法,情景交融,语言质朴无华,体现了作者恬然自得的心境。

少无适俗韵①,性本爱丘山②。
误落尘网③中,一去三十年④。
羁鸟⑤恋旧林,池鱼思故渊⑥。
开荒南野际,守拙⑦归园田。
方⑧宅十余亩,草屋八九间。
榆柳荫⑨后檐,桃李罗⑩堂前。

暧暧⑪远人村,依依墟里烟⑫。

狗吠深巷中,鸡鸣桑树颠。

户庭⑬无尘杂,虚室有余闲⑭。

久在樊笼⑮里,复得返自然⑯。

注释:

① 韵:气质,性格,情趣。

② 丘山:泛指山林。

③ 尘网:尘世,指庸俗污浊的官场犹如罗网。

④ 三十年:陶渊明自太元十八年(393)初做江州祭酒,义熙元年(405)辞去彭泽令归田,是13个年头,这里的"三十年"是夸大的说法。

⑤ 羁鸟:关在笼中的鸟。羁,束缚。

⑥ 故渊:鱼儿原来生活的水潭。

⑦ 守拙:安分守己,这里指清贫自守。

⑧ 方:四旁,周围。

⑨ 荫(yìn):遮蔽。

⑩ 罗:排列。

⑪ 暧暧(ài ài):模糊不清的样子。

⑫ 依依:隐约可见的样子。墟里:村落。

⑬ 户庭:门庭。

⑭ 余闲:闲暇。

⑮ 樊笼:比喻使人受拘束的尘世。

⑯ 返自然:指归耕园田。

思考与探究

1. 有人说陶渊明弃官归隐是一种消极避世的选择,也有人说他的选择是勇敢高洁的,你是如何看待陶渊明这种弃官归隐的人生选择的?

2. 朗读、背诵这首诗。

登　高^①

（唐）杜　甫

课文导读

　　杜甫（712—770），字子美，自号少陵野老，自称杜少陵，世称杜工部。杜甫是我国古代伟大的现实主义诗人，与李白并称"李杜"，人称"诗圣"，其诗被喻为"诗史"，一生写诗一千四百多首，他的诗的风格可概括为"沉郁顿挫"。

　　杜甫身逢战乱，从48岁开始，一直到58岁去世为止，11年中，一直在外漂泊，写这首诗时已是第8个年头了，3年后病死于出蜀途中。这首诗是大历二年（公元767年）作者寄寓夔州（重庆奉节）时写的。此时"安史之乱"已结束4年，但地方军阀乘机争夺地盘，国家仍是一片混乱；再加上好友李白、高适、严武相继辞世——所有这些，像浓云一样压在杜甫心头，他是为排遣抑郁而抱病登台的。

风急天高猿啸哀，渚^②清沙白鸟飞回^③。
无边落木^④萧萧^⑤下，不尽长江滚滚来。
万里^⑥悲秋常作客，百年^⑦多病独登台。
艰难^⑧苦恨^⑨繁霜鬓^⑩，潦倒^⑪新停^⑫浊酒杯。

注释：

　　① 选自《杜诗详注》。作于唐代宗大历二年（767）秋天的重阳节。诗题一作《九日登高》，古代农历九月九日有登高习俗。

　　② 渚（zhǔ）：水中的小块陆地。

③ 鸟飞回：鸟在急风中飞舞盘旋。

④ 落木：指秋天飘落的树叶。

⑤ 萧萧：模拟草木摇落的声音。

⑥ 万里：指远离故乡。

⑦ 百年：这里借指晚年。

⑧ 艰难：兼指国运和自身命运。

⑨ 苦恨：极其遗憾。苦，极。

⑩ 繁霜鬓：像厚重白霜似的鬓发。

⑪ 潦倒：颓丧，失意。

⑫ 新停：刚刚停止。杜甫晚年因病戒酒。

 思考与探究

1. 本诗首联和颔联描写了哪些意象？这些意象共同营造了怎样的意境？

2. 古人诗歌中写到"高猿长啸"，大都抒发文人的悲伤，你能举几个例子吗？

3. 朗读、背诵这首诗。

寡人之于国也①

（战国）孟　子

 课文导读

　　本文写的是孟子同梁惠王的一次对话。战国时代，天下诸侯对外争城夺地，相互攻伐，对内残酷剥削，劳役繁重。当时各国要增产粮食和扩充兵员，都苦于劳动力不足，所以梁惠王要同邻国争夺百姓，采取了自以为"尽心"的措施，可是目的并没有达到。孟子抓住这个矛盾，指出梁惠王的"尽心"并不能使百姓来归，同时提出自己的主张，只有"行王道，施仁政"，才是治国的根本办法。文章采用了比喻的方法进行说理，在语言上使用整齐的排偶句式，这些都是值得借鉴的。

梁惠王②曰：“寡人③之于国也，尽心焉耳矣④。河内凶⑤，则移其民于河东⑥，移其粟于河内⑦；河东凶亦然⑧。察⑨邻国之政，无如⑩寡人之用心者。邻国之民不加少⑪，寡人之民不加多，何也⑫?”

孟子对曰：“王好战⑬，请以战喻⑭。填然鼓之⑮，兵刃既接，弃甲曳兵而走⑰。或⑱百步而后止，或五十步而后止。以五十步笑百步，则何如⑲?”

曰：“不可，直不百步耳⑳，是亦走也。”

曰：“王如知此，则无㉑望民之多于邻国也。”

“不违农时㉒，谷不可胜食㉓也；数罟不入洿池㉔，鱼鳖不可胜食也；斧斤以时入山林㉕，材木不可胜用也。谷与鱼鳖不可胜食，材木不可胜用，是使民养生丧死无憾也㉖。养生丧死无憾，王道之始也㉗。”

“五亩之宅㉘，树之以桑㉙，五十者可以衣帛㉚矣。鸡豚狗彘之畜㉛，无失其时㉜，七十者可以食肉矣。百亩之田，勿夺其时，数口之家可以无饥矣。谨庠序之教㉝，申之以孝悌之义㉞，颁白者不负戴于道路矣㉟。七十者衣帛食肉，黎民㊱不饥不寒，然而不王者，未之有也。”

“狗彘食人食而不知检㊲，涂有饿莩㊳而不知发㊴，人死，则曰：‘非我也，岁㊵也。’是何异于刺人而杀之，曰：‘非我也，兵也’? 王无罪岁㊷，斯天下之民至焉㊸。”

注释：

① 节选自《孟子·梁惠王上》。《孟子》是记载战国中期儒家大师孟轲（公元前390年—前305年）言行的书，由孟轲及其弟子编成。《孟子》共7篇，内容涉及政治活动、政治学说以及哲学、伦理、教育思想，是儒家经典著作之一。

② 梁惠王：战国时期魏国的国君，姓姬，名罃(yīng)。魏国都城在大梁（现在河南省开封市西北），所以又称梁国，魏惠王又称梁惠王。

③ 寡人：君王自称。

④ 尽心焉耳矣：(总算)尽了心啦。焉、耳、矣都是句末助词，重叠使用，加重语气。

⑤ 河内凶：河内遇到饥荒。河内，黄河以北的地方，相当于现在河南省济源县一带。凶，谷物收成不好，荒年。

⑥ 河东：黄河以东的地方，在现在山西省西南部。黄河流经山西省境，自北而南，故称山西省境内黄河以东的地方为河东。

⑦ 移其粟于河内：把河东的一部分粮食运到河内。其，代河东。粟，小米，指谷类。

⑧ 亦然：也是这样。

⑨ 察：观察。

⑩ 无如：不如，比不上。

⑪ 加少：更减少。加，更。古代人口少，为了增加劳力和扩充兵员，希望人口增多，以人口增多为好事。

⑫ 何也：为什么呢？

⑬ 好战：喜欢打仗。

⑭ 请以战喻：让我用打仗来做比喻。请，有"请允许我"的意思。

⑮ 填然鼓之：咚咚地敲着战鼓。填，形容鼓声，拟声词。鼓之，敲起鼓来。鼓，动词。之，没有意义的衬字。下文"树之"的"之"用法相同。

⑯ 兵刃既接：两军的兵器已经接触，指战斗已经开始。兵，兵器、武器。刃，锋刃。接，接触、交锋。

⑰ 弃甲曳（yè）兵而走：抛弃铠甲，拖着兵器逃跑。甲，铠甲，古代的战衣，上面缀有金属片，可以保护身体。曳，拖着。走，跑，这里指逃跑。

⑱ 或：有的人。

⑲ 何如：怎么样。

⑳ 直不百步耳：只是没有（跑）百步罢了。直，只是、不过。

㉑ 无：通"毋"，不要。

㉒ 不违农时：不耽误农业生产的季节，指农忙时不要征调百姓服役。违，违背、违反，这里指耽误。时，季节。

㉓ 谷不可胜食：粮食吃不完。谷，粮食的统称。胜，尽。

㉔ 数（cù）罟（gǔ）不入洿（wū）池：细网不进池塘（防止破坏鱼的生长和繁殖）。数，密。罟，网。洿，洼地积水，也指池塘。

㉕ 斧斤以时入山林：砍伐树木要按一定的季节（草木掉落、生长季节过后）。斧斤，伐木的工具。以时，按一定的季节。

㉖ 养生丧死无憾也：对生养死葬没有什么不满。养生，供（gōng）养活着的人。丧死，为死了的人办丧事。憾，遗憾。

㉗ 王道之始也：这就是王道的开端了。王道，以仁义治天下，这是儒家的政治主张。

㉘ 五亩之宅：五亩住宅的场地。当时的五亩相当于现在一亩二分多。

㉙ 树之以桑：（在住宅场地上）种上桑树。树，种植。

㉚ 衣（yì）帛：穿上丝织品的衣服。衣，穿。帛，丝织品。

㉛ 鸡豚(tún)狗彘(zhì)之畜(xù)：鸡、狗、猪的畜养。豚，小猪。彘，猪。畜，畜养。之，助词。

㉜ 无失其时：不要错过繁殖的时机。

㉝ 谨庠(xiáng)序之教：认真地兴办学校教育。谨，谨慎，这里指认真从事。庠、序，都是学校。商(殷)代叫序，周代叫庠。教，教化。

㉞ 申之以孝悌(tì)之义：把孝悌的道理反复讲给百姓听。申，反复陈述。孝，尊敬父母。悌，敬爱兄长。义，道理。

㉟ 颁白者不负戴于道路矣：头发花白的老人不会在路上背着或者顶着东西了。意思是，年轻人知道敬老，都来代劳了。颁白，头发花白。颁，通"斑"。负，背着东西。戴，顶着东西。

㊱ 黎民：百姓。

㊲ 王(wàng)：为王，统一天下而称王。

㊳ 狗彘食人食而不知检：(诸侯贵族家)猪狗吃人所吃的东西，不知道制止。前一个"食"，吃，动词。后一个"食"，食物，名词。检，约束。

㊴ 涂有饿莩(piǎo)：路上有饿死的人，涂，通"途"，道路。莩，饿死的人。

㊵ 发：指打开粮仓，赈济百姓。

㊶ 岁：年成。

㊷ 王无罪岁：王不要归咎于年成。罪，归咎，归罪。

㊸ 斯天下之民至焉：那么，天下的百姓都会来归顺了。斯，则，那么。至，到，这里指归顺。

 思考与探究

1. 孟子是怎样说明梁惠王"移民移粟"的措施与"邻国之政"并无本质区别的？

2. 孟子主张"仁政"，从本篇看，他的"仁政"的具体内容是什么？

3. 成语"五十步笑百步"出自本篇。查一查工具书，记下它的比喻义，然后造句。

劝　学①

（战国）荀　子②

课文导读

　　《劝学》是《荀子》的开篇之作，课文是原文的节选。作者从学习的重要性、学习的态度以及学习的内容与方法等方面，系统而深刻地论述了有关学习的问题。他强调学习的作用，强调学无止境，提倡虚心求教、循序渐进、持之以恒、专心致志的学习态度；勉励人们要以正确的学习目的与态度，坚持不懈地从师学习，增长知识、发展才能，培养高尚的道德情操。

　　本文文质兼美，代表了先秦论说文成熟阶段的水平。文章结构严谨，层次井然，说理深入；语言长短句并用，对偶排比句兼行，匀称而又错落有致，富于节奏美，朗朗上口；在论说过程中，大量运用比喻手法说明道理，使人易于接受。

　　君子③曰：学不可以已。青，取之于蓝④，而青于蓝⑤；冰，水为之，而寒于水。木直中绳⑥，輮⑦以为轮，其曲中规⑧。虽有槁暴⑨，不复挺⑩者，輮使之然也。故木受绳⑪则直，金⑫就砺⑬则利，君子博学而日参省乎己⑭，则知明⑮而行无过矣。

　　吾尝终日而思矣，不如须臾⑯之所学也；吾尝跂而望矣⑰，不如登高之博见⑱也。登高而招，臂非加长也，而见者远⑲；顺风而呼，声非加疾也，而闻者彰⑳。假㉑舆马者，非利足㉒也，而致㉓千里；假舟楫㉔者，非能水㉕也，而绝江河。君子生非异㉖也，善假于物㉗也。

　　积土成山，风雨兴焉㉘；积水成渊㉙，蛟龙㉚生焉；积善成德，而神明自得，圣心备焉㉛。故不积跬㉜步，无以㉝至千里；不积小流，无以成江海。骐骥㉞一跃，不能十步；驽马十驾㉟，功在不舍㊱。锲㊲而舍之，朽木不折；锲而不舍，金石可镂㊳。蚓无爪牙之利，筋骨之强，上食埃土，下饮黄泉，用心一也㊴。蟹六跪㊵而二螯㊶，非蛇蟮之穴无可寄托者，用心躁㊷也。

注释:

① 选自《荀子简注》,上海人民出版社1974年版。

② 荀子(约公元前313—前238),名况,战国后期赵国人,思想家。他的著作大部分收在《荀子》一书中,《劝学》是其中的第一篇。劝,劝勉、鼓励。

③ 君子:指有学问有修养的人。

④ 青,取之于蓝:靛(diàn)青,从蓝草中取得。青,靛青,一种染料。蓝,草名,也叫蓼(liǎo)蓝,叶子可制染料。

⑤ 青于蓝:(颜色)比蓼蓝更深。

⑥ 中(zhòng)绳:(木材)合乎拉直的墨线。中,符合。绳,木工取直用的墨线。

⑦ 輮(róu):通"煣",使弯曲。

⑧ 规:圆规。

⑨ 虽有(yòu)槁(gǎo)暴(pù):即使又晒干了。有,通"又"。槁,枯干。暴,通"曝",晒。

⑩ 挺:直。

⑪ 受绳:经墨线量过。

⑫ 金:金属,这里指金属制成的刀剑。

⑬ 就砺(lì):拿到磨刀石上(去磨)。砺,磨刀石。就,动词,靠拢。

⑭ 博学而日参省(xǐng)乎己:广泛地学习,而且每天再三地对照反省自己。参,同"三",再三、多次。省,反省、检查。乎,于。

⑮ 知(zhì)明:智慧明达。知,通"智"。

⑯ 须臾(yú):片刻。

⑰ 跂(qì)而望:踮起脚尖来向远处看。

⑱ 博见:见得广。

⑲ 见者远:距离很远的人都能看见。

⑳ 疾:强,这里指声音洪大。

㉑ 彰:清楚,明白。

㉒ 假:凭借,利用。

㉓ 舆:车。

㉔ 利足:脚走得快。

㉕ 致:达到。

㉖ 楫(jí):划船用的桨。

㉗ 水:游水,这里用作动词。

㉘ 绝：横渡。

㉙ 生(xìng)非异：本性(同一般人)没有差别，生，同"性"，指人的禀性、能力。

㉚ 物：外物，这里指各种客观条件。

㉛ 积土成山，风雨兴焉：积土成为高山，(能使气候变化)风雨就会从山里兴起。

㉜ 渊：深水。

㉝ 蛟龙：古代传说中的一种能兴风作浪、发洪水的龙。

㉞ 积善成德，而神明自得，圣心备焉：积累善行养成(高尚的)品德，精神就能达到很高的境界，智慧就得到发展，圣人的思想(也就)具备了。

㉟ 跬：半步。古人以跨出一脚为"跬"，跨两脚为"步"。

㊱ 无以：没有用来……的(办法)。

㊲ 骐骥(jì)：骏马。

㊳ 驽(nú)马十驾：劣马拉车走十天，也能走得很远。驽马，劣马。驾，马拉着车走一天的路程叫"一驾"。

㊴ 功在不舍：(它的)成功在于走个不停。

㊵ 锲(qiè)：用力刻。

㊶ 镂(lòu)：雕刻。

㊷ 用心一也：(这是)用心专一(的缘故)。

㊸ 六跪：六条腿。跪，蟹腿。蟹实际上是八条腿。一说，海蟹后面的两条腿只能划水，不能用来走路或自卫，所以不能算在"跪"里面。

㊹ 螯(áo)：蟹钳。

㊺ 躁：浮躁，不专心。

思考与探究

1. 本文的论点是什么？作者是从哪几个方面进行论述的？

2. 在知识日新月异的现代社会，我们对于学习的看法有了很大变化。你认为荀子的观点是否过时？有哪些观点需要补充和发展？

3. 熟读课文，背诵课文最后一段。

弟 子 规

课文导读

《弟子规》原名《训蒙文》,为清朝康熙年间秀才李毓秀所作,其内容采用《论语》"学而篇"第六条"弟子入则孝,出则悌,谨而信,泛爱众,而亲仁。行有余力,则以学文"的文义,列述弟子在家、出外、待人、接物与学习上应该恪守的规范。《弟子规》共有360句、1080个字,三字一句,两句或四句连意,合辙押韵,朗朗上口。全篇先为"总叙",然后分为"入则孝、出则悌、谨、信、泛爱众、亲仁、余力学文"七个部分。《弟子规》根据《论语》等经典编写而成,它集孔孟、老庄等圣贤的道德教育之大成,提传统道德教育著作之纲领,是接受伦理道德教育、养成有德有才之人的最佳读物。

总 叙

弟子规	圣人训	首孝悌	次谨信	泛爱众	而亲仁	有余力	则学文

入 则 孝

父母呼	应勿缓	父母命	行勿懒	父母教	须敬听	父母责	须顺承
冬则温	夏则清	晨则省	昏则定	出必告	反必面	居有常	业无变
事虽小	勿擅为	苟擅为	子道亏	物虽小	勿私藏	苟私藏	亲心伤
亲所好	力为具	亲所恶	谨为去	身有伤	贻亲忧	德有伤	贻亲羞
亲爱我	孝何难	亲憎我	孝方贤	亲有过	谏使更	怡吾色	柔吾声
谏不入	悦复谏	号泣随	挞无怨	亲有疾	药先尝	昼夜侍	不离床
丧三年	常悲咽	居处变	酒肉绝	丧尽礼	祭尽诚	事死者	如事生

出 则 悌

兄道友	弟道恭	兄弟睦	孝在中	财物轻	怨何生	言语忍	忿自泯

或饮食　或坐走　长者先　幼者后　长呼人　即代叫　人不在　己即到
称尊长　勿呼名　对尊长　勿见能　路遇长　疾趋揖　长无言　退恭立
骑下马　乘下车　过犹待　百步余　长者立　幼勿坐　长者坐　命乃坐
尊长前　声要低　低不闻　却非宜　进必趋　退必迟　问起对　视勿移
事诸父　如事父　事诸兄　如事兄

谨

朝起早　夜眠迟　老易至　惜此时　晨必盥　兼漱口　便溺回　辄净手
冠必正　纽必结　袜与履　俱紧切　置冠服　有定位　勿乱顿　致污秽
衣贵洁　不贵华　上循分　下称家　对饮食　勿拣择　食适可　勿过则
年方少　勿饮酒　饮酒醉　最为丑　步从容　立端正　揖深圆　拜恭敬
勿践阈　勿跛倚　勿箕踞　勿摇髀　缓揭帘　勿有声　宽转弯　勿触棱
执虚器　如执盈　入虚室　如有人　事勿忙　忙多错　勿畏难　勿轻略
斗闹场　绝勿近　邪僻事　绝勿问　将入门　问孰存　将上堂　声必扬
人问谁　对以名　吾与我　不分明　用人物　须明求　倘不问　即为偷
借人物　及时还　后有急　借不难

信

凡出言　信为先　诈与妄　奚可焉　话说多　不如少　惟其是　勿佞巧
奸巧语　秽污词　市井气　切戒之　见未真　勿轻言　知未的　勿轻传
事非宜　勿轻诺　苟轻诺　进退错　凡道字　重且舒　勿急疾　勿模糊
彼说长　此说短　不关己　莫闲管　见人善　即思齐　纵去远　以渐跻
见人恶　即内省　有则改　无加警　唯德学　唯才艺　不如人　当自砺
若衣服　若饮食　不如人　勿生戚　闻过怒　闻誉乐　损友来　益友却
闻誉恐　闻过欣　直谅士　渐相亲　无心非　名为错　有心非　名为恶
过能改　归于无　倘掩饰　增一辜

泛爱众

凡是人　皆须爱　天同覆　地同载　行高者　名自高　人所重　非貌高
才大者　望自大　人所服　非言大　己有能　勿自私　人所能　勿轻訾
勿谄富　勿骄贫　勿厌故　勿喜新　人不闲　勿事搅　人不安　勿话扰
人有短　切莫揭　人有私　切莫说　道人善　即是善　人知之　愈思勉
扬人恶　即是恶　疾之甚　祸且作　善相劝　德皆建　过不规　道两亏
凡取与　贵分晓　与宜多　取宜少　将加人　先问己　己不欲　即速已
恩欲报　怨欲忘　报怨短　报恩长　待婢仆　身贵端　虽贵端　慈而宽

势服人　心不然　理服人　方无言

亲　仁

同是人　类不齐　流俗众　仁者希　果仁者　人多畏　言不讳　色不媚
能亲仁　无限好　德日进　过日少　不亲仁　无限害　小人进　百事坏

余 力 学 文

不力行　但学文　长浮华　成何人　但力行　不学文　任己见　昧理真
读书法　有三到　心眼口　信皆要　方读此　勿慕彼　此未终　彼勿起
宽为限　紧用功　工夫到　滞塞通　心有疑　随札记　就人问　求确义
房室清　墙壁净　几案洁　笔砚正　墨磨偏　心不端　字不敬　心先病
列典籍　有定处　读看毕　还原处　虽有急　卷束齐　有缺坏　就补之
非圣书　屏勿视　蔽聪明　坏心志　勿自暴　勿自弃　圣与贤　可驯致

 思考与探究

1. 学习《弟子规》有何时代意义？作为中职生，你觉得是否有必要学？为什么？

2. 学了《弟子规》以后，你最大的收获是什么？行为上有哪些改变？你想把它推荐给别人吗？

《礼记》五则①

课文导读

　　《礼记》是中国古代一部重要的典章制度书籍，是研究中国古代社会情况、典章制度和儒家思想的重要著作。该书是由西汉礼学家戴德和他的侄子戴圣编定的。《礼记》阐述的思想，包括社会、政治、伦理、哲学、宗教等各个方面，其中《大学》、《中庸》、《礼运》等篇有较丰富的哲学思想。

　　全书用记叙文形式写成，有的用短小生动的故事表明某一道理，有的气势磅礴、结构谨严，有的言简意赅、意味隽永，有的擅长心理描写和刻画，书中还收有大量富有哲理的格言、警句，精辟而深刻。其中有不少关于治学修养、治国安邦的论述，至今仍有现实指导意义。这里所选的五则中蕴含的道理对人们的学习、生活都颇有助益。

一

玉不琢②，不成器；人不学，不知道③。是故古之王④者，建国君民⑤，教学为先。（《学记》）

二

心正而后身修，身修而后家齐，家齐而后国治，国治而后天下平。（《大学》）

三

凡事预⑥则立，不预则废。（《中庸》）

四

博学之，审问⑦之，慎思之，明辨之，笃⑧行之。（《中庸》）

五

张而弗弛，文武弗能也；弛而不张，文武弗为也。一张一弛，文武之道也。（《杂记》）

 注释：

① 选自《礼记集解》（中华书局 2007 年版，孙希旦撰）。《礼记》是儒家经典之一，也是我国古代重要的典章制度书籍。全书共分为《学记》、《礼运》、《中庸》、《大学》等 49 篇，是先秦至秦汉时期礼学文献选编。

② 琢：雕琢。

③ 知道：懂得道理。

④ 王（wàng）：称王。

⑤ 君民：统治民众。

⑥ 预：事先分析情况，做好准备。

⑦ 审问：审，详尽；问，询问、研究。

⑧ 笃：扎实、踏实。

 意译：

一

玉石不经过精心雕琢，不能成为有用的器物；人不经过学习，就不会知晓道理。

所以古代的君王在建立国家和统治民众时,把教学作为首要的事情。

二

心思端正后才能修养品性;品性修养好后才能管理好家族;管理好家族后才能治理好国家;治理好国家后天下才能太平。

三

做任何事情预先准备充分,就会成功,否则就会失败。

四

广泛地学习,详细地询问,对所学知识慎重地思考,作出精确的辨析,然后踏踏实实地去实践。

五

(对待老百姓好似拉弓弦)只是拉紧弓弦而不放松,就连周文王、周武王这样的圣明君主也做不到;只是放松弓弦而不去拉紧它,周文王、周武王不会这样做。只有拉紧与放松相结合,才是文王、武王对待老百姓的方法。

思考与探究

1. "博学之,审问之,慎思之,明辨之,笃行之。"句中五个短语的次序可以打乱吗?为什么?

2. 联系生活实际,谈谈你对"张弛之道"的理解。你在学习生活中如何实践"张弛之道"呢?

3. 再读几则《礼记》选文。

(1)正己而不求于人,则无怨,上不怨天,下不尤人。(《中庸》)

(2)礼尚往来。往而不来,非礼也;来而不往,亦非礼也。(《曲礼上》)

(3)好学近乎知,力行近乎仁,知耻近乎勇。(《中庸》)

生活·语文

百 家 姓

📖 **课文导读**

　　《百家姓》是一本关于中文姓氏的书，成书于北宋初。原收集姓氏411个，后增补到504个，其中单姓444个，复姓60个。《三字经》、《百家姓》与《千字文》并称"三百千"，是中国古代幼儿的启蒙读物。"赵钱孙李"成为《百家姓》前四姓是因为《百家姓》形成于宋朝的吴越钱塘地区，故而宋朝皇帝的赵氏、吴越国国王钱氏、吴越国王钱俶正妃孙氏以及南唐国王李氏成为《百家姓》前四位。2013年4月14日，中华伏羲文化研究会华夏姓氏源流研究中心通过综合分析，发布当今中国最新版"百家姓"排行榜。根据研究，"百家姓"排名前三位的王、李、张是中国最大群体的姓氏。此次研究发现，中国的王、李、张三姓分别有9500多万人、9300多万人和9000万人，三姓人群约占中国总人口的21%。

赵 钱 孙 李 周 吴 郑 王 冯 陈 褚 卫 蒋 沈 韩 杨
朱 秦 尤 许 何 吕 施 张 孔 曹 严 华 金 魏 陶 姜
戚 谢 邹 喻 柏 水 窦 章 云 苏 潘 葛 奚 范 彭 郎
鲁 韦 昌 马 苗 凤 花 方 俞 任 袁 柳 鄞 鄢 史 唐
费 廉 岑 薛 雷 贺 倪 汤 滕 殷 罗 毕 郝 鲍 安 常
乐 于 时 傅 皮 卞 齐 康 伍 余 元 卜 顾 邬 平 黄
和 穆 萧 尹 姚 邵 湛 汪 祁 毛 禹 狄 米 贝 明 臧
计 伏 成 戴 谈 宋 茅 庞 熊 纪 舒 屈 项 祝 董 梁
杜 阮 蓝 闵 席 季 麻 强 贾 路 娄 危 江 童 颜 郭
梅 盛 林 刁 钟 徐 丘 骆 高 夏 蔡 田 樊 胡 凌 霍
虞 万 支 柯 昝 邱 卢 莫 经 房 裘 缪 干 解 应 宗
丁 宣 贲 邓 郁 单 杭 洪 包 诸 左 石 崔 吉 钮 丁
程 嵇 邢 滑 裴 陆 荣 翁 荀 羊 於 惠 甄 曲 家 封
芮 羿 储 靳 汲 邴 糜 松 井 段 富 巫 乌 焦 巴 弓
牧 隗 山 谷 车 侯 宓 蓬 全 都 班 仰 秋 仲 伊 宫

龙鄂双雍农容弘隆空红钦赏
束从苍郦尚鱼满夔饶荆涂伯
詹邰能宰浦艾耿越简后鄢俨
景蒲胥冉郏宦都蔚那查汝佘
刘怀郁堵冀习步利阚相法牟
符阴扶燕茹衡沃辛蒯商琴福
武宿乔申扈连居昝关楚
祖印池姬边慕暨欧冷巢晋有言
戎薄蒙逢通充终东融丰公后佟
厉蓟屠劳寿阎阙敖须桓况阳
钭黎蔺贡牛瞿庾阙勾鞠益亢爱
甘郜葡卓谭濮柴戈廖禄宄猴年
暴韶赖翟桂晏慎寇晁乜逯笪
栾司籍党桑庄易文库沙权岳谯
仇幸咸莘璩别古国巩毋竺海哈
宁叶索闻郐温向匡师曾游归墨

万俟　司马　上官　欧阳　夏侯　诸葛　闻人　东方　赫连　皇甫
尉迟　公羊　澹台　公冶　宗政　濮阳　淳于　单于　太叔　申屠
公孙　仲孙　轩辕　令狐　钟离　宇文　长孙　慕容　鲜于　闾丘
司徒　司空　亓官　司寇　仉督　子车　颛孙　端木　巫马　公西
漆雕　乐正　壤驷　公良　拓跋　夹谷　宰父　谷梁　段干　百里
东郭　南门　呼延　羊舌　微生　梁丘　左丘　东门　西门　南宫
第五

探寻姓氏中的秘密

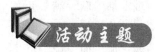

中国姓氏文化源远流长，每一种姓都包含其独特的、丰富的文化内涵。它开枝散叶、生生不息，孕育出优秀的中华儿女。姓是一个人家族系统的血缘符号，通过这个符号，每个人都可以把自己和历史文化联系起来。每个姓氏都有一番不同寻常的来历，蕴含着一段生动有趣的故事，是超越时空、贯通古今的文化活化石。本活动旨在引导学生探寻姓氏中蕴含的秘密，让大家了解自己姓氏中的名人。

![活动目的]

1. 培养和提高学生搜集信息、整理信息的能力。
2. 对学生进行人生观、理想观教育。

一、姓的由来

生活在远古时代的原始人，由于血缘关系的不同，会分为一个个部落，各个部落为加以区别，也会有各自的名称，这种名称无疑就是姓的雏形。但那时还不曾出现文字，部落的名称只能靠口头流传下来。经历了无数世代之后，开始有了文字，人们才能把这些最早的姓氏（部落名称）记录下来。

商周以后，由于人口增多和社会的发展，我国的姓氏渐渐多了起来。在漫长的历史发展中，这些姓氏经过进一步的分化、发展、演变，就成为今天我们所使用的姓氏。如果对这些姓氏逐一进行研究，就会发现每个姓氏都有自己的来源和发展的历史，不同的姓氏有不同的源流。不过，若把这些姓氏放在一起研究，也不难发现其中有些是由国名演变而来的，有些是从官名、地名等发展而来的，有些则是历史上某些少数民族的称号或者改姓……原因较多，情况不一。

二、我的姓氏

同学们以小组为单位,先在小组内互相介绍自己姓氏的由来,然后再向同学们介绍"我的姓氏"的来历。

同学展示收集的资料,介绍自己的姓氏的来历。

三、家族的荣耀

在我们每个人的姓氏里,在几千年的发展历程中,都出现了很多的名人、伟人。同学们以小组为单位,先在小组内互相介绍自己姓氏中的名人,然后再在班级里介绍"家族的荣耀"。

同学展示收集的资料,介绍与自己同姓的名人的故事。

示例指导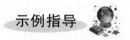

刘姓起源及名人

一、刘氏属地

彭城郡,现江苏省铜山县。

二、刘氏来历

刘氏的来源大致有五。

首先,据《元和姓纂》与《新唐书·宰相世系》介绍,刘姓源于一个姓刘名累的人,其子孙以刘累的名字为姓氏,这是刘姓的最早起源。而刘累又是帝尧陶唐之后,所以刘是古帝唐尧后裔之姓。

刘姓第二支出自姬姓。《名贤氏族言行类稿》说:"周大夫食采于刘,亦为刘氏,康公、献公其后也。"

另外三支则分别是:北魏时少数民族改姓刘;刘邦赐娄敬、项伯之族姓刘;西汉初年公主下嫁匈奴单于,所生的小单于也冒姓刘。

三、刘氏名望

刘姓为中国第四大姓,其政治名人特别多,在中国历史上,刘姓者称帝称王的多达 66 人,是中国建立封建王朝最多最久的姓氏。

刘邦建立西汉，刘秀建立东汉，刘备建立蜀汉，刘渊建立汉国……刘崇建立北汉，直至刘豫受金册封，曾被称为"齐帝"。另外，刘邦建立西汉后，大搞"大封同姓"，同姓封地，为刘姓的发展打下了坚实的基础。

刘姓历史悠久，其出现的学者名人也特别多。西汉刘安与别人合编《淮南子》；刘向撰成《别录》，是中国目录学之祖；南朝梁文学理论家刘勰著《文心雕龙》，是中国古代文学理论批评的巨著，唐代刘知畿著《史通》，是中国第一部史学评论专著，清末小说家刘鹗著了《老残游记》……

此外，刘姓还有许多赫赫有名的人物，如刘义庆、刘禹锡、刘长卿、刘熙载、刘永福、刘大白、刘半农、刘胡兰等。

据中国科学院遗传研究所的专家考证，刘姓约占汉族人口的 5.4%，是当今中国的第四大姓。

语文综合实践活动学习小组评价表

评价项目	评价内容	评价结果		
		优秀	良好	待努力
学习态度	对学习始终抱有极大热情,认真对待,积极参与			
学习方法	找到适合的方法,能与其他小组交换、共享信息,善于请教			
组织合作	分工明确、合理,配合默契			
工作能力	信息筛选、整理、加工			
	多媒体制作			
	成果展示			
	创新			
	沟通协调			
学习反思	最大的收获是什么？活动中有遗憾吗？谈谈此次学习活动的感受吧！			

单元学习小档案

序号	项　目	内　容	备　注
1	单元作家谈		
2	单元新字词		
3	成语巧积累		
4	单元找佳句		
5	佳句我来写		
6	单元我最爱		
7	巧用网络搜		
8	单元练习我来出		
9	单元学习小疑问		
10	单元学习来拾趣		
11	意外小收获		
12	学习小建议		
注	1. 佳句我来写：对你所选出的单元佳句进行仿写，创造属于自己的佳句。 2. 单元我最爱：单元学习结束后，选出一篇你最喜欢的文章。 3. 巧用网络搜：查找一篇你喜欢的，并与本单元体裁相同的文章，可以小组内或全班分享。 4. 单元练习我来出：结合本单元的学习内容，为自己出一个单元过关测试题。 5. 单元学习来拾趣：谈谈自己在本单元学习中遇到了哪些有趣的事。		

附 录

普通话水平测试用必读轻声词语表

说　明

1. 本表根据《普通话水平测试用普通话语词语表》编制。

2. 本表供普通话水平测试第二项——读多音节词语(100个音节)测试使用。

3. 本表共收词546条(其中"子"尾词206条),按汉语拼音字母顺序排列。

4. 条目中的非轻声音节只标本调;条目中的轻声音节,注音不标调号,如:"明白 míngbai"。

1	爱人	àiren	23	鼻子	bízi
2	案子	ànzi	24	比方	bǐfang
3	巴掌	bāzhang	25	鞭子	biānzi
4	把子	bǎzi	26	扁担	biǎndan
5	把子	bàzi	27	辫子	biànzi
6	爸爸	bàba	28	别扭	bièniu
7	白净	báijing	29	饼子	bǐngzi
8	班子	bānzi	30	拨弄	bōnong
9	板子	bǎnzi	31	脖子	bózi
10	帮手	bāngshou	32	簸箕	bòji
11	梆子	bāngzi	33	补丁	bǔding
12	膀子	bǎngzi	34	部分	bùfen
13	棒槌	bàngchui	35	不由得	bùyóude
14	棒子	bàngzi	36	不在乎	bùzàihu
15	包袱	bāofu	37	步子	bùzi
16	包涵	bāohan	38	裁缝	cáifeng
17	包子	bāozi	39	财主	cáizhu
18	豹子	bàozi	40	苍蝇	cāngying
19	杯子	bēizi	41	差事	chāishi
20	被子	bèizi	42	柴火	cháihuo
21	本事	běnshi	43	肠子	chángzi
22	本子	běnzi	44	厂子	chǎngzi

续表

45	场子	chǎngzi	80	道士	dàoshi
46	车子	chēzi	81	稻子	dàozi
47	称呼	chēnghu	82	灯笼	dēnglong
48	池子	chízi	83	提防	dīfang
49	尺子	chǐzi	84	笛子	dízi
50	虫子	chóngzi	85	底子	dǐzi
51	绸子	chóuzi	86	地道	dìdao
52	除了	chúle	87	弟弟	dìdi
53	锄头	chútou	88	地方	dìfang
54	畜生	chùsheng	89	地下	dìxia
55	窗户	chuānghu	90	弟兄	dìxiong
56	窗子	chuāngzi	91	点心	diǎnxin
57	锤子	chuízi	92	调子	diàozi
58	刺猬	cìwei	93	钉子	dīngzi
59	凑合	còuhe	94	东家	dōngjia
60	村子	cūnzi	95	东西	dōngxi
61	奔拉	dāla	96	动静	dòngjing
62	答应	dāying	97	动弹	dòngtan
63	打扮	dǎban	98	豆腐	dòufu
64	打点	dǎdian	99	豆子	dòuzi
65	打发	dǎfa	100	嘟囔	dūnang
66	打量	dǎliang	101	肚子	dǔzi
67	打算	dǎsuan	102	肚子	dùzi
68	打听	dǎting	103	缎子	duànzi
69	大方	dàfang	104	对付	duìfu
70	大爷	dàye	105	对头	duìtou
71	大夫	dàifu	106	队伍	duìwu
72	带子	dàizi	107	多么	duōme
73	袋子	dàizi	108	蛾子	ézi
74	耽搁	dānge	109	儿子	érzi
75	耽误	dānwu	110	耳朵	ěrduo
76	单子	dānzi	111	贩子	fànzi
77	胆子	dǎnzi	112	房子	fángzi
78	担子	dànzi	113	份子	fènzi
79	刀子	dāozi	114	风筝	fēngzheng

续表

115	疯子	fēngzi	150	关系	guānxi
116	福气	fúqi	151	罐头	guàntou
117	斧子	fǔzi	152	罐子	guànzi
118	盖子	gàizi	153	规矩	guīju
119	甘蔗	gānzhe	154	闺女	guīnü
120	杆子	gānzi	155	鬼子	guǐzi
121	杆子	gǎnzi	156	柜子	guìzi
122	干事	gànshi	157	棍子	gùnzi
123	杠子	gàngzi	158	锅子	guōzi
124	高粱	gāoliang	159	果子	guǒzi
125	膏药	gāoyao	160	蛤蟆	háma
126	稿子	gǎozi	161	孩子	háizi
127	告诉	gàosu	162	含糊	hánhu
128	胳膊	gēbo	163	汉子	hànzi
129	疙瘩	gēda	164	行当	hángdang
130	哥哥	gēge	165	和尚	héshang
131	鸽子	gēzi	166	核桃	hétao
132	格子	gézi	167	合同	hétong
133	个子	gèzi	168	盒子	hézi
134	跟头	gēntou	169	红火	hónghuo
135	根子	gēnzi	170	猴子	hóuzi
136	工夫	gōngfu	171	厚道	hòudao
137	功夫	gōngfu	172	后头	hòutou
138	弓子	gōngzi	173	狐狸	húli
139	钩子	gōuzi	174	胡琴	húqin
140	姑姑	gūgu	175	糊涂	hútu
141	姑娘	gūniang	176	皇上	huángshang
142	骨头	gǔtou	177	幌子	huǎngzi
143	谷子	gǔzi	178	胡萝卜	húluóbo
144	故事	gùshi	179	活泼	huópo
145	固执	gùzhi	180	火候	huǒhou
146	寡妇	guǎfu	181	伙计	huǒji
147	褂子	guàzi	182	护士	hùshi
148	怪物	guàiwu	183	机灵	jīling
149	官司	guānsi	184	脊梁	jǐliang

续表

185	记号	jìhao	220	裤子	kùzi
186	记性	jìxing	221	快活	kuàihuo
187	家伙	jiāhuo	222	筷子	kuàizi
188	夹子	jiāzi	223	框子	kuàngzi
189	架势	jiàshi	224	困难	kùnnan
190	嫁妆	jiàzhuang	225	阔气	kuòqi
191	架子	jiàzi	226	喇叭	lǎba
192	尖子	jiānzi	227	喇嘛	lǎma
193	茧子	jiǎnzi	228	篮子	lánzi
194	剪子	jiǎnzi	229	懒得	lǎnde
195	见识	jiànshi	230	浪头	làngtou
196	毽子	jiànzi	231	姥姥	lǎolao
197	将就	jiāngjiu	232	老婆	lǎopo
198	交情	jiāoqing	233	老实	lǎoshi
199	饺子	jiǎozi	234	老太太	lǎotàitai
200	叫唤	jiàohuan	235	老头子	lǎotóuzi
201	轿子	jiàozi	236	老爷	lǎoye
202	街坊	jiēfang	237	老子	lǎozi
203	结实	jiēshi	238	累赘	léizhui
204	姐夫	jiěfu	239	篱笆	líba
205	姐姐	jiějie	240	里头	lǐtou
206	戒指	jièzhi	241	厉害	lìhai
207	金子	jīnzi	242	痢疾	lìji
208	镜子	jìngzi	243	利落	lìluo
209	舅舅	jiùjiu	244	力气	lìqi
210	橘子	júzi	245	利索	lìsuo
211	句子	jùzi	246	例子	lìzi
212	卷子	juànzi	247	栗子	lìzi
213	客气	kèqi	248	连累	liánlei
214	咳嗽	késou	249	帘子	liánzi
215	空子	kòngzi	250	凉快	liángkuai
216	口袋	kǒudai	251	粮食	liángshi
217	口子	kǒuzi	252	两口子	liǎngkǒuzi
218	扣子	kòuzi	253	料子	liàozi
219	窟窿	kūlong	254	林子	línzi

续表

255	翎子	língzi	290	蘑菇	mógu
256	领子	lǐngzi	291	模糊	móhu
257	溜达	liūda	292	木匠	mùjiang
258	聋子	lóngzi	293	木头	mùtou
259	笼子	lóngzi	294	那么	nàme
260	炉子	lúzi	295	奶奶	nǎinai
261	路子	lùzi	296	难为	nánwei
262	轮子	lúnzi	297	脑袋	nǎodai
263	萝卜	luóbo	298	脑子	nǎozi
264	骡子	luózi	299	能耐	néngnai
265	骆驼	luòtuo	300	你们	nǐmen
266	妈妈	māma	301	念叨	niàndao
267	麻烦	máfan	302	念头	niàntou
268	麻利	máli	303	娘家	niángjia
269	麻子	mázi	304	镊子	nièzi
270	马虎	mǎhu	305	奴才	núcai
271	买卖	mǎimai	306	女婿	nǚxu
272	码头	mǎtou	307	暖和	nuǎnhuo
273	麦子	màizi	308	疟疾	nüèji
274	馒头	mántou	309	拍子	pāizi
275	忙活	mánghuo	310	牌楼	páilou
276	冒失	màoshi	311	牌子	páizi
277	帽子	màozi	312	盘算	pánsuan
278	眉毛	méimao	313	盘子	pánzi
279	妹妹	mèimei	314	胖子	pàngzi
280	媒人	méiren	315	狍子	páozi
281	门道	méndao	316	盆子	pénzi
282	眯缝	mīfeng	317	朋友	péngyou
283	迷糊	míhu	318	棚子	péngzi
284	面子	miànzi	319	脾气	píqi
285	苗条	miáotiao	320	皮子	pízi
286	苗头	miáotou	321	痞子	pǐzi
287	明白	míngbai	322	屁股	pìgu
288	名堂	míngtang	323	片子	piānzi
289	名字	míngzi	324	便宜	piányi

续表

325	骗子	piànzi	360	上头	shàngtou
326	漂亮	piàoliang	361	烧饼	shāobing
327	票子	piàozi	362	勺子	sháozi
328	瓶子	píngzi	363	少爷	shàoye
329	婆家	pójia	364	哨子	shàozi
330	婆婆	pópo	365	舌头	shétou
331	铺盖	pūgai	366	身子	shēnzi
332	欺负	qīfu	367	什么	shénme
333	旗子	qízi	368	婶子	shěnzi
334	前头	qiántou	369	牲口	shēngkou
335	钳子	qiánzi	370	生意	shēngyi
336	茄子	qiézi	371	绳子	shéngzi
337	勤快	qínkuai	372	师父	shīfu
338	亲戚	qīnqi	373	师傅	shīfu
339	清楚	qīngchu	374	狮子	shīzi
340	亲家	qìngjia	375	虱子	shīzi
341	曲子	qǔzi	376	拾掇	shíduo
342	拳头	quántou	377	时候	shíhou
343	圈子	quānzi	378	石匠	shíjiang
344	裙子	qúnzi	379	石榴	shíliu
345	热闹	rènao	380	石头	shítou
346	人家	rénjia	381	实在	shízai
347	人们	rénmen	382	使唤	shǐhuan
348	认识	rènshi	383	世故	shìgu
349	日子	rìzi	384	事情	shìqing
350	褥子	rùzi	385	似的	shìde
351	塞子	sāizi	386	柿子	shìzi
352	嗓子	sǎngzi	387	收成	shōucheng
353	嫂子	sǎozi	388	收拾	shōushi
354	扫帚	sàozhou	389	首饰	shǒushi
355	沙子	shāzi	390	舒服	shūfu
356	傻子	shǎzi	391	疏忽	shūhu
357	扇子	shànzi	392	叔叔	shūshu
358	商量	shāngliang	393	舒坦	shūtan
359	上司	shàngsi	394	梳子	shūzi

续表

395	爽快	shuǎngkuai	430	位置	wèizhi
396	思量	sīliang	431	位子	wèizi
397	算计	suànji	432	蚊子	wénzi
398	岁数	suìshu	433	稳当	wěndang
399	孙子	sūnzi	434	我们	wǒmen
400	他们	tāmen	435	屋子	wūzi
401	她们	tāmen	436	稀罕	xīhan
402	它们	tāmen	437	席子	xízi
403	台子	táizi	438	喜欢	xǐhuan
404	太太	tàitai	439	瞎子	xiāzi
405	摊子	tānzi	440	匣子	xiázi
406	坛子	tánzi	441	下巴	xiàba
407	毯子	tǎnzi	442	吓唬	xiàhu
408	桃子	táozi	443	先生	xiānsheng
409	特务	tèwu	444	乡下	xiāngxia
410	梯子	tīzi	445	箱子	xiāngzi
411	蹄子	tízi	446	相声	xiàngsheng
412	挑剔	tiāoti	447	消息	xiāoxi
413	挑子	tiāozi	448	小伙子	xiǎohuǒzi
414	条子	tiáozi	449	小气	xiǎoqi
415	跳蚤	tiàozao	450	小子	xiǎozi
416	铁匠	tiějiang	451	笑话	xiàohua
417	亭子	tíngzi	452	谢谢	xièxie
418	头发	tóufa	453	心思	xīnsi
419	头子	tóuzi	454	星星	xīngxing
420	兔子	tùzi	455	猩猩	xīngxing
421	妥当	tuǒdang	456	行李	xíngli
422	唾沫	tuòmo	457	性子	xìngzi
423	挖苦	wāku	458	兄弟	xiōngdi
424	娃娃	wáwa	459	休息	xiūxi
425	袜子	wàzi	460	秀才	xiùcai
426	晚上	wǎnshang	461	秀气	xiùqi
427	尾巴	wěiba	462	袖子	xiùzi
428	委屈	wěiqu	463	靴子	xuēzi
429	为了	wèile	464	学生	xuésheng

续表

465	学问	xuéwen	500	早上	zǎoshang
466	丫头	yātou	501	怎么	zěnme
467	鸭子	yāzi	502	扎实	zhāshi
468	衙门	yámen	503	眨巴	zhǎba
469	哑巴	yǎba	504	栅栏	zhàlan
470	烟筒	yāntong	505	宅子	zháizi
471	胭脂	yānzhi	506	寨子	zhàizi
472	眼睛	yǎnjing	507	张罗	zhāngluo
473	燕子	yànzi	508	丈夫	zhàngfu
474	秧歌	yāngge	509	帐篷	zhàngpeng
475	养活	yǎnghuo	510	丈人	zhàngren
476	样子	yàngzi	511	帐子	zhàngzi
477	吆喝	yāohe	512	招呼	zhāohu
478	妖精	yāojing	513	招牌	zhāopai
479	钥匙	yàoshi	514	折腾	zhēteng
480	椰子	yēzi	515	这个	zhège
481	爷爷	yéye	516	这么	zhème
482	叶子	yèzi	517	枕头	zhěntou
483	一辈子	yībèizi	518	镇子	zhènzi
484	衣服	yīfu	519	芝麻	zhīma
485	衣裳	yīshang	520	知识	zhīshi
486	椅子	yǐzi	521	侄子	zhízi
487	意思	yìsi	522	指甲	zhǐjia(zhījiɑ)
488	银子	yínzi	523	指头	zhǐtou(zhítou)
489	影子	yǐngzi	524	种子	zhǒngzi
490	应酬	yìngchou	525	珠子	zhūzi
491	柚子	yòuzi	526	竹子	zhúzi
492	冤枉	yuānwang	527	主意	zhǔyi(zhúyi)
493	院子	yuànzi	528	主子	zhǔzi
494	月饼	yuèbing	529	柱子	zhùzi
495	月亮	yuèliang	530	爪子	zhuǎzi
496	云彩	yúncai	531	转悠	zhuànyou
497	运气	yùnqi	532	庄稼	zhuāngjia
498	在乎	zàihu	533	庄子	zhuāngzi
499	咱们	zánmen	534	壮实	zhuàngshi

续表

535	状元	zhuàngyuan	540	粽子	zòngzi
536	锥子	zhuīzi	541	祖宗	zǔzong
537	桌子	zhuōzi	542	作坊	zuōfang
538	字号	zìhao	543	琢磨	zuómo
539	自在	zìzai			

本书收入了大量的优秀文章，我们在编写过程中，与这些文章的作者进行了广泛的联系，得到了他们的大力支持和帮助，在此特地表示衷心的感谢！但是由于种种原因，仍有部分作者未能联系上，还请这些文章的作者与我们联系，以便及时沟通，支付稿酬。

无言感谢！

联　系　人：刘彦
联系电话：广东省广州市新滘西路15号广州市旅游商务职业学校
邮　　编：510280
电　　话：020-84342575